JN276890

団体受験テスト対応

TOEFL ITP® テスト リーディング スピードマスター

模擬テスト6回分 収録

神部 孝
Kambe Takashi

TOEFL ITP is a registered trademark of Educational Testing Service (ETS).
This publication is not endorsed or approved by ETS.

Jリサーチ出版

はしがき

　AI や情報技術の進化により、ボーダレス化が進展し、世の中はますます外国語、特に英語ができる人が有利になります。就職が楽？ 会社に入って出世も早くなる？　無限の可能性がある人生を、英語力を武器に切り開いていきましょう。
　TOEFL で得点を出すためにつらい勉強をしなければならないのは、おそらく 2 年ぐらいでしょう。それから先は、自由に自分のやりたいことができるようになります。人生の中で 2 年くらい頑張ればよいのですね。
　私が教えた生徒の中で最もすごかった人の話をしましょう。
　塾に来たときは iBT 試験で 20 点台（ITP 400 点以下）。それが、3 カ月で 80 点台（ITP 550 点以上）。日本の大学生の中では「英語のできる」人間になりました。交換留学をして、日本に戻ってきてから一流の商社に入りました。
　私が教えているときに語彙力の伸びがすさまじかったので、あるとき聞きました。「何時間寝ている？」。彼は、答えました。「2 時間です」。私は「身体が壊れるかもしれないから、4 時間寝てくれ」とお願いしました。毎日 10 時間以上勉強して、運動部で激しい練習を毎日 5 時間していたのです。
　彼の口癖は「僕はばかですから、人より勉強しなければならないんです」。
　ひと握りの天才を除き、私たちは凡人。努力をすれば秀才になれます。だから、少しの間だけ頑張ってください。
　皆さんの成功をお祈りします。

　　　　　　　　　　　　　　　　　　　　かんべ英語塾　神部　孝

CONTENTS

はしがき ……………………………………………… 3
本書の構成 …………………………………………… 5
本書の学習法 ………………………………………… 6
TOEFL テストとは？ ………………………………… 8
10の設問パターンと解き方 ………………………… 11
速読術のテクニック ………………………………… 23

リーディング模擬テスト 解答と解説

Primary Test ………… 28   Test 2 ………………… 49
Test 3 …………………… 70   Test 4 ………………… 90
Test 5 ………………… 111   Final Test ………… 132

重要単語リスト …………………………………… 153
解答一覧 …………………………………………… 165

別冊 リーディング模擬テスト

収録パッセージの内容 ………………………………… 2

Primary Test ………… 4   Test 2 ………………… 24
Test 3 ………………… 44   Test 4 ………………… 64
Test 5 ………………… 84   Final Test ………… 104

解答用紙 …………………………………………… 125

本書の構成

　本書は TOEFL ITP の Section 3 のリーディングセクションの攻略のために作られました。その特徴は、6セット、300問を試験できます。また、ネイティブアメリカンの生活から天文学まで幅広い分野を網羅しています。ITP 受験者のみならず、iBT 受験者にも最適なテキストになっています。それでは本書の構成を見ましょう。

● TOEFL テストとは？
　TOEFL テストの概略を説明しています。

● 10 の設問パターンと解き方
　リーディングセクションで出題される問題と解答ポイントを述べています。

● 速読術のテクニック
　リーディングセクションで重要な速読術を解説しました。

● リーディング模擬テスト
　TOEFL で出題されやすいトピックを解きましょう。問題構成は次のようになっています。

テスト名称	セット数	セット内容
Primary Test（準備テスト）	1セット	実力チェックテスト
分野別テスト	4セット	分野別のセット
Final Test（仕上げテスト）	1セット	さまざまな分野の仕上げ

● 解答と解説
　6セットの設問になるべく詳しく説明を付けました。

● 重要単語リスト
　6セットそれぞれに使われた重要単語をまとめました。

　なお、Directions（解答指示）は、本書では省きました。試験のときも、Directions を読む必要はありません。文章を読み、設問に4つの選択肢から正しいものを1つ選びなさい、という指示です。

本書の学習法

本書を用いた学習法を説明しましょう。

❶ ゆっくり学習

Primary Test を1回受験しましょう。そして、現在の力を測ってください。試験まで2カ月以上あり比較的時間も取れる方は、分野別の Test 2 から解いても構いません。1日1パッセージずつ解いても構いません。しっかり復習をしましょう。そして、重要単語リストに含まれている単語以外に分からないものがあった場合には、必ず自分のノートか単語カードを作って、単語を覚えてください。多義語の場合には、本書で使われた意味を中心にしましょう。

Primary Test ▶ 分野別をしっかりと ▶ 試験前に Final Test

❷ 急いで学習

Primary Test を解いた後に、分野別を1セットずつ解きましょう。それでも見直しは大事です。問題を解いて答えを覚えたからもう見なくてもよい、というほど記憶力の高い人はめったにいません。なぜ間違えたかを分析してください。そして、弱い分野を徹底的に見直しましょう。

Primary Test ▶ 弱い分野を徹底的に学習 ▶ Final Test

❸ iBT 受験者

iBT 受験者は、このレベルのリスニングに出くわす可能性があります。また、スピーキングやライティングでも同じトピックがあるかもしれません。問題を解いたら、必ず音読をしてください。そして、目と耳の両方から知識をインプットしましょう。時間がある方は、分野別をしっかり復習してください。

Primary Test ▶ 分野別をしっかりと解き、音読 ▶ Final Test で弱点を再確認

解答する時間について

試験のときは、間違いなく 55 分で 50 問を解かなければいけません。練習では、時間がかかってもよいです。90 分かかったなら、その時間を記録してください。時間を計らないで解くのは良くありません。必ず時間を計ってください。本書を終わる頃には、55 分以内に解けるようにしましょう。

解きっぱなしは NG

　問題を多く解けば力が上がると思うのは、間違い。一番大事なのは見直しです。なぜ間違えたかを考えてください。そして、問題を解いたら、パッセージで使われた分からない単語をチェックしてください。本書の重要単語リストでは、同義語選択で使われた単語を含めていません。解説に選択肢の訳も含まれていますから、チェックを必ずしましょう。

問題の解き方

　私の勧める解き方は「正攻法」です。本書で勧める速読法を身につけ、時間内に問題を解けるようにしましょう。しかし、それができない場合もあるでしょうから、アドバイスをしましょう。

時間がなくなったときにはメイントピックは飛ばす

　メイントピックの設問に答えるには、パッセージ全体を読む必要があります。時間がないときには、その次の問題から答えるようにしましょう。そして、そのパッセージの3、4問後にメイントピックに答えればよいです。このやり方は時間がなくなり始めたときだけです。ただし、マークミスに気をつけてください。また、皆さんが iBT を受験するのであれば、この解き方で構いません。

パッセージを選ぶのは NG

　試験のときに解きやすいと思うパッセージを選んでから、解き始めるのは間違いです。理由は簡単です。時間がもったいないですし、その分野が分かるかもしれないと思っても、設問が難しいかもしれないからです。時間配分を乱して、結局は力が上がりません。1つ目のパッセージから解いてください。

設問飛ばしは NG

　この設問は難しいから後で答えよう、というのは駄目です。60点近い実力がないと時間は余らないと思います。後で見直す時間はありません。消去法で、選択肢を1つでも潰してマークしてください。

運も実力のうち

　guess（推測）も実力のうちです。4つの選択肢のうち2つを消去できれば50%の確率で正解します。消去する力を養ってください。

TOEFL® テストとは？

　TOEFL (Test of English as a Foreign Language)® テストは英語を母国語としない人が海外の大学や大学院に入学を希望する際に必要とされる英語能力判定試験です。アメリカのニュージャージーにある非営利団体の Educational Testing Service (ETS) が実施しています。

● 2つの TOEFL
① TOEFL iBT®
　現在の公式テストが TOEFL iBT® (Internet-Based Testing) です。個人で申し込み、リーディング、リスニング、スピーキング、ライティングの4技能をテストセンターのパソコンで受験します。スコアは2年間有効です。

② TOEFL ITP® テスト
　ETS が作成した TOEFL PBT® (Paper-Based Testing) の過去問を団体向けに再構成し、教育機関などが実施するのが TOEFL ITP® (Institutional Testing Program) です。日本では国際教育交換協議会 (CIEE) が試験を管理しています。実際の受験の申し込みは皆さんの大学や生協に問い合わせてください（CIEE では申し込みを受け付けていません）。

　TOEFL ITP® のスコアは試験実施団体内で有効です。大学などの指示に従ってください。なお、現在 TOEFL PBT® は日本では行われていません。

③ 2つのレベル
　TOEFL ITP® には 677 点満点の Level 1 TOEFL と 500 点満点の Level 2 Pre-TOEFL の2つのレベルがあります。本書は Level 1 TOEFL に対応しています。

● TOEFL ITP® テストの試験概要
　試験は3つのセクションに分かれています。それぞれを説明しましょう。

Section 1 ・・・ リスニング試験・・・・・（試験時間約 35 分）
　リスニングの試験です。短い会話、長めの会話、そして、講義やガイダンスなどの聞き取りを行います。設問は 50 問あります。

Section 2 ・・・ 文法試験・・・・・・・・・（試験時間 25 分）
　文法問題を解きます。25 分で 40 問を解きます。

Section 3 ・・・ リーディング試験・・・（試験時間 55 分）
　5つのパッセージで 50 問の設問を 55 分で解く読解問題です。

TOEFL ITP® テストのスコア

スコアは 310 点から 677 点です。

	Section 1	Section 2	Section 3	合計得点
最高得点	68	68	67	**677**
私の留学スコア	66	61	64	**637**
最低得点	31	31	31	**310**

※ **計算式：(各セクションの得点の合計) × 10 ÷ 3**　小数点以下を四捨五入

● 目標とするスコア

　目標とするスコアは、大学で指定された得点を目標としてください。交換留学などでは、得点によって留学先が異なります。なるべく高い得点に越したことはないのですが、必要な得点をあらかじめ調べてください。それでは、各セクションの目安を見ましょう。

目標スコア	Section 1	Section 2	Section 3
450	43	47	45
500	48	53	49
550	52	58	55
600	57	63	60

　一般的に日本で英語を学び、海外経験がない場合には、文法の Section 2 が高くなる傾向があります。Section 3 のリーディング問題は、目標スコアの 10 分の 1 が適当だと思います。

　私は中学から英語を学びました。しかし、大学には内部進学のため文法は弱かったです。そのためか、まれなケースですが帰国子女的なスコアになりました。

● TOEFL ITP® と TOEFL iBT® の相関

TOEFL のスコアの比較を見ましょう。

ITP	iBT
450	45
500	61
550	80
600	100

　ETS が公表しているスコアの対比ですが、iBT には日本人が苦手なスピーキングとライティングが含まれています。そのため、たとえば ITP で 550 点を取っているから iBT でもすぐに 80 点を取れる、ということではありません。iBT 試験のための準備時間をしっかりとってください。

　それでは、次にリーディングスコアの相関を見ましょう。

ITP Section 3	iBT リーディングセクション
45	11
50	15
55	20
60	26

　リーディングセクションは、かなり相関が高いと思います。経験上、時間配分に関しては、iBT の方が厳しいです。しかし、ITP で Section 3 にしっかり対応できれば、iBT のスピーキングやライティングセクションの統合型問題も比較的楽になります。出題傾向はほぼ同じなため、ITP の Section 3 が攻略できれば、iBT でもがんばれると思います。

10の設問パターンと解き方

最初にパッセージを見ましょう。

Line
(5)   It is often remarked upon that the environs, architecture and inhabitants of Boston, Massachusetts, bring to mind those of England. This is hardly surprising considering that the city lies on the northeastern coastline of the United States where pioneers from England first arrived. That Boston has guarded its historic links with Europe may however be considered remarkable when contemplating the events of 1773, wherein Bostonians protested so fiercely against unmerited British taxes that they culminated in the American Revolution.

(10)   This protest has become popularly known as the Boston Tea Party and was a consequence of the Townshend Acts of 1767, which imposed British duty on imports to the colonies. In the United States, this led to a boycott of British products until 1770 when Britain abolished all duties bar the one on
(15) tea, which was kept as a symbol of Britain's right to impose taxes. The colonists simply kept up the boycott on tea and the situation may well have remained quite tenable if it had not been for the Tea Acts of 1773.

   The Tea Acts were an attempt by the British government
(20) to save the struggling East India Company. Their aim was to grant the British company a monopoly on tea sold to the US. This had the unfortunate consequence of rendering the boycott impossible to maintain permanently, since the colonists needed tea. Even so, when three East India Company ships
(25) arrived in Boston harbor in November, the citizens of Boston would not consent to their unloading. The vessels and their cargo remained at anchor until December 16 when a group of activists boarded the ships and emptied the tea into the harbor.

The British government was swift and ruthless in its retribution. The Intolerable Acts came into effect almost
(30) immediately. The four Intolerable Acts were the Boston Port Act, the Massachusetts Government Act, the Quartering Act and the Impartial Administration and Justice Act. Their harsh nature left colonists with little suitable choice but to revolt.

(☞ 訳例は p. 22 にあります)

試験時間

5 パッセージの 50 問を 55 分で解きます。すべて 4 肢択一（4 択）の問題です。マークシートに解答します。

パッセージの長さと設問数

1 パッセージあたり 300 語程度で、250〜350 語程度の語数があります。長いものでは 370 語程度あります。本書では 320 語平均にしました。1 パッセージあたりの設問数は約 10 問ですが、少ないものでは 7 問、多いものでは 12 問程度あります。本書では 1 パッセージ 10 問に設定しました。

問題用紙と解答用紙に書き込みや線引きはできません

問題用紙や解答用紙にメモ書きや線引きをした場合にはカンニングと見なされ、受験が無効になる場合があります。本試験では決して行わないでください。

設問パターン

1 文章全体の意味を問う問題

パッセージ全体の意味を問う問題です。1 回の試験で出題されるパッセージ 5 つのうち、3 つ以上でパッセージの最初の問題になります。設問にはいくつかのパターンがあります。

❶ Which of the following is the main topic of the passage?
（次のどれがパッセージのメイントピックでしょうか）

❷ With which of the following topics is the passage mainly concerned?
（パッセージは主に、次のどのトピックに関心を持っていますか）

❸ What is the main point of the passage?

10の設問パターンと解き方

（パッセージの要点は何ですか）

❹ What does the passage mainly discuss?
（パッセージは主に何を論じていますか）

❺ Which of the following statements represents the main idea of the passage?
（次のステートメントのどれがパッセージの主題を示していますか）

❶〜❸には、名詞（句、節）の選択肢が付きやすいです。❹〜❺には、主題を述べたセンテンスが付きやすいです。

それでは、例題を見ましょう。

〜 例題 1 〜

Which of the following is the main topic of the passage?
　　(A) The American Revolution　　(B) The Boston Tea Party
　　(C) The Townshend Acts　　(D) The Tea Acts

設問と選択肢の訳

次のどれがパッセージのメイントピックでしょうか。
　　(A) アメリカ独立戦争　　(B) ボストン茶会事件
　　(C) タウンゼンド諸法　　(D) 茶条例

正解 B

解説　独立戦争への契機となった「ボストン茶会事件」を中心に英国との関係を述べたパッセージです。個々の税法施行に関してのものと考えるよりも、全体の流れを把握してください。また、(A) の独立戦争を選択しにくい理由は、戦争により、どのように米国が独立を勝ち得たかなどが記載されていないためです。

この設問のように、細かい情報ではなく、パッセージ全体の流れを知ることが重要です。

2 同義語選択問題

パッセージで使われている単・熟語の同義語を問う問題です。1回の試験で20ぐらいの設問数になります。簡単なものから難易度の高い問題まで、さまざまです。文意上の同義語を選択します。それでは、例題を見ましょう。

> ### 〜 例題 2 〜
>
> The word "remarkable" in line 7 is closest in meaning to
> (A) astonishing   (B) eclectic
> (C) suggestive   (D) ordinary
>
> ---
>
> **設問と選択肢の訳**
> 7行目の remarkable という語に最も近い意味の語は次のどれですか。
> (A) 驚くべき   (B) 折衷的
> (C) 暗示的   (D) ありふれた
>
> **正解 A**
>
> **解説** remarkable は「注目すべき、驚くべき」という意味です。(B) の eclectic は「折衷的」、(C) の suggestive は「暗示的」、(D) の ordinary は「ありふれた、平凡な」などの意味があります。

　この例題は、同義語選択としては簡単なものです。単語の語義が分かれば解ける問題です。それでは、一般的に使われている語義と違う場合の例題を見ましょう。

> ### 〜 例題 3 〜
>
> The word "bar" in line 14 is closest in meaning to
> (A) as well as   (B) save
> (C) including   (D) not withstanding
>
> ---
>
> **設問と選択肢の訳**
> 14行目の bar という語に最も近い意味の語は次のどれですか。
> (A) 〜と同様に   (B) 〜を除き
> (C) 〜を含め   (D) 〜と異なる、〜を無視して
>
> **正解 B**
>
> **解説** bar はあまり使わない単語です。bar は「〜を除き」、save にも「〜を除き」という意味があります。含まれるセンテンスに "... when Britain abolished all duties bar the one on teas, which was kept as a symbol of Britain's right ..." と書かれています。「英国はすべての課税を廃止した。1つの茶への課税はイギリスの権利のシンボルとして維持された」という文意です。1つだけ残ったのですから、「除外された」と考えましょう。なお、save は過去に出題されたことがあります。

bar も save も一般的にはそれぞれ、「鉄格子」、「ためる」と使われています。しかし、多義語ですから、この例題のように学校であまり使われない前置詞としての意味を同義語にして正解を探るのです。

この同義語選択をうまく攻略できれば、4 割近く正解できます。語彙力増強に励んでください。

③ 参照選択問題

文中の代名詞が何を指しているかを問う問題です。1 回の試験で 3 問程度出題されるでしょう。文法力を上げて、文章構造を理解するのが大事です。それでは例題を見ましょう。

〜 例題4 〜

The word "they" in line 9 refers to
   (A) its historic links   (B) the events of 1773
   (C) Bostonians   (D) unmerited British taxes

設問と選択肢の訳
9 行目の they という語は何を指していますか。
   (A) 歴史的つながり   (B) 1773 年の出来事
   (C) ボストン市民   (D) 英国の不当な課税

正解 B

解説 難易度が非常に高いです。so that 構文と考えると Bostonians を選択したくなります。問題は続く "... culminated in the American Revolution." の意味ですが「続いて独立戦争に達する」という意味です。文意上からは the events of 1773 しか選択できません。

この例題は難しかったです。次に簡単な例題を見ましょう。

〜 例題5 〜

The word "their" in line 26 refers to
   (A) The Tea Acts   (B) the British government
   (C) ships   (D) the citizens of Boston

設問と選択肢の訳
26 行目の their という語は何を指していますか。

(A) 茶条例　　　　　　　　(B) 英国政府
(C) 船舶　　　　　　　　　(D) ボストン市民

正解　C

解説　含まれる文で "... the citizens of Boston would not consent to their unloading." と書かれています。ボストン市民は「何の荷」を降ろすのに反対したのか考えてください。「船の積み荷」です。(C) が正解となります。

同義語選択問題とこの参照選択問題を全部正解すると 45 点ぐらい獲得することができます。

4 推測問題

パッセージの中で著者はどのように思っているか、を問う問題です。読解力が重要です。

〜 例題6 〜

With which of the following statements would the author most probably agree?
(A) The British were right to tax imports to the colonies.
(B) The British were partially right to tax imports to the colonies.
(C) The British were wrong to tax imports to the colonies.
(D) The British should have taxed the colonies in ways other than imports.

設問と選択肢の訳
著者は次のどのステートメントに同意すると思いますか。
(A) 英国が植民地の輸入品に課税をするのは正しかった。
(B) 英国が植民地の輸入品に課税をするのはある程度正しかった。
(C) 英国が植民地の輸入品に課税をするのは間違いだった。
(D) 英国は輸入品以外の方法で植民地に課税をすればよかったはずである。

正解　C

解説　選択肢をよく読むと「著者の考え方」が浮かび上がってきます。(C) 以外は「英国のアメリカへの課税を承認」しています。(C) だけが異なる選択肢であることが分かるでしょう。このことに気がつけば、正解の (C) が選択できます。

5 事実の確認問題

パッセージに書かれている事実を確認する問題です。パッセージ全体あるいは、関係するところを読めば書かれています。設問と選択肢を正しく読むことが重要になります。

〜 例題7 〜

According to the passage, why did Britain pass the Tea Acts?
   (A) To render the boycott ineffective
   (B) To rescue a British business
   (C) To assert their right to tax the colonies
   (D) To coerce the Americans into revolution

設問と選択肢の訳
パッセージによれば、なぜ英国は茶条例を（国会で）可決したのですか。
   (A) ボイコットを無効化するため
   (B) イギリスの企業を救済するため
   (C) 植民地への課税権を確かなものにするため
   (D) アメリカ人を革命へと追い込むため

正解 B

解説 第3パラグラフの第1センテンスに "... to save the struggling East India Company." とあります。経営状況の悪かった東インド会社の救済のために施行されました。

本文中の内容を言い換えて述べているときがありますので、設問と選択肢をよく読むことが重要です。次は少し難易度を高くした事実の確認問題を見ましょう。

〜 例題8 〜

Which of the following was the immediate cause of the Boston Tea Party?
   (A) The American Revolution   (B) The Townshend Acts
   (C) The abolition of duties   (D) The Tea Acts

設問と選択肢の訳
ボストンティーパーティ事件の直接的な原因は次のどれですか。
   (A) アメリカ独立革命   (B) タウンゼンド諸法
   (C) 納税廃止   (D) 茶条例

> **正解 D**
> **解説** 第2パラグラフのタウンゼンド諸法から茶条例への展開が分かりにくいです。まず、タウンゼンド諸法があり、それに植民者たちは反対をした。その後にイギリス政府はお茶を除き、関税を廃止した。そして、茶条例が残った。設問は immediate cause（直接の原因）ですから、茶条例になります。(D) が選択できます。

このように、よく読んでいるつもりでも間違えやすい問題があります。事実の確認は「書いてあるから簡単」と思わずに、文意を把握する能力を高めることが大事です。

6 NOT, EXCEPT 問題

NOT, EXCEPT 問題とよく呼ばれていますが「〜でないものは、次のどれですか」という設問です。上記に述べた「推測問題」や「事実の確認問題」などで出題されることがあります。例題を見ましょう。

> **〜 例題9 〜**
>
> What, according to paragraph 1, is NOT true of Boston?
>   (A) It is in Massachusetts.
>   (B) It is a coastal city.
>   (C) It is unlike England.
>   (D) Its inhabitants are called Bostonians.
>
> **設問と選択肢の訳**
> 第1パラグラフによると次のどれがボストンに関して正しくないですか。
>   (A) マサチューセッツ州にある。 (B) 海岸にある都市である。
>   (C) 英国らしくない。 (D) 住民はボストニアンと呼ばれている。
>
> **正解 C**
> **解説** 第1パラグラフの第1センテンスに "... bring to mind those of England" と書かれていますので、ボストンは、英国的だったと考えられます。(C) を誤りとして選択できます。現在でも、米国の北東部はニューイングランドと呼ばれています。

NOT や EXCEPT 問題は消去法が有効です。この例題では、第1パラグラフを参照するだけでした。しかし、パッセージ全体を見る必要がある場合もありま

7 次の（前の）パラグラフ内容を問う問題

パッセージの流れを問う問題です。このパッセージに続く（前の）パラグラフには何を書いてあると思いますか、という設問です。文学作品ならば、どのように流れが来ても構わないのですが、TOEFLでは必ず最後（最初）のパラグラフに書かれている内容の続き（前段）になります。それでは例題を見ましょう。

～ 例題10 ～

Which of the following will the author most likely go on to discuss in the next paragraph?

　(A) The Intolerable Acts
　(B) The American Revolution
　(C) Political activism in Boston
　(D) Britain's control of Indian tea and cotton

設問と選択肢の訳

著者が引き続き、次のパラグラフで展開するだろうと思われるのは次のどれですか。
　(A) 高圧的諸法
　(B) アメリカ独立革命
　(C) ボストンにおける政治活動
　(D) インド製茶と綿花に対するイギリスの支配

正解 A

解説 第1パラグラフで全体の概要。第2パラグラフで茶条例について。第3パラグラフで茶会事件への発展。そして、第4パラグラフでイギリスの報復条例。パッセージの内容の順番からいえば (A) の Intolerable Acts（高圧的諸法）の概要になります。

最後（最初）のパッセージに書かれている内容をより詳しく述べると考えてよいでしょう。出題されると戸惑うかもしれませんが、落ち着いて選択肢を読めば簡単に答えられる問題です。

それでは、他に出題される可能性のある設問例を見ましょう。

8 語句の定義を調べる問題

　皆さんは「同格」という言葉を知っていますか。「同格」とは、文法用語です。例を見ましょう。

Samuel de Champlain, a French explorer, founded Quebec City in present-day Canada.
（フランスの探検家のサミュエル・ド・シャンプランは、現在のカナダにあるケベック市を創設した）

　「シャンプラン＝フランスの探検家」を指し示しているのを同格と呼びます。シャンプランという人物の説明をしているのです。もう1つの例を見ましょう。

The first photographic portrait was taken by a daguerreotype, a photographic technique which Louis Daguerre developed in the early 19th century.
（最初の人物の写真はダゲレオタイプにより撮られた。それは、ルイ・ダゲールにより19世紀初頭に発展された写真技術である）

　このような、ある語句の説明をしているのはどれですか、という設問があります。

Which of the following terms is defined in the passage?
（次の用語のどれが定義されていますか）

　そして、選択肢は本文中の語句です。
たとえば：

(A) daguerreotype (line 5)

　このように選択肢がその含まれる行の番号です。選択肢の中で「同格」のものや詳しく説明されているものを選択すればよいのです。

9 どこに述べられているのかを探る問題

　ある事柄がパッセージのどこに述べられているかを問う設問です。それでは例題を見ましょう。

10の設問パターンと解き方

Where in the passage does the author explain the reason for imposing the Tea Acts?
(著者は茶条例を課す理由をパッセージのどこで説明していますか)
(A) Lines 19–20　　　　　　　　(A) Paragraph 3

このように行番号からセンテンスを指定したり、パラグラフを指定したりして、文中のどこに述べられているかを探ります。

10 文章構造を探る問題

パラグラフ単位の役割を探る設問と考えてください。第1パラグラフは第2パラグラフに対してどのような役目をしているか、あるいは、その逆を探るのです。それでは例題を見ましょう。

What is the relationship between the second and third paragraphs in the passage?
(第2パラグラフと第3パラグラフの関係は何ですか)

(A) The third paragraph provides detailed explanation of the Tea Acts mentioned in the second paragraph.
(第3パラグラフは、第2パラグラフに述べられた茶条例の詳細な説明を行っている)

このように、パラグラフごとの役割を定義するものです。選択肢の内容をよく理解する必要があります。

これでひと通り、出題される可能性がある設問パターンを見ました。次に、この文章を用いて、速読法を勉強しましょう。

（訳例）

マサチューセッツ州のボストンの情景、建築やそこに住んでいる人々を見ると、英国が思い浮かぶと、よく言われます。この都市がアメリカの北東の海岸線に位置し、そこが英国から最初の開拓者のたどり着いた場所であることを考えれば、特に驚くべきことでもありません。しかしながら、ボストンがヨーロッパとの歴史的なつながりを保ってきたことを考えると、1773年にボストン市民が英国の不当な課税に対して激しい抗議を行い、ついにはアメリカ独立革命へと発展した出来事は、注目に値します。

この抗議はボストンティーパーティとして広く知られるようになり、これは1767年のタウンゼンド諸法に対して行われたものです。タウンゼンド諸法には、英国政府が植民地への輸入品に対して課税を行うことが定められていました。そのために、アメリカでは英国製品のボイコットが、1770年に英国政府が茶以外のすべての課税を廃止するまで続けられます。茶は、英国政府が課税する権利の象徴として残されました。それに対し、植民者は茶に対するボイコットをそのまま継続します。1773年に茶条令が出されなければ、状況はそのままの形で十分維持されていたのかもしれません。

　茶条令は、経営の悪化していた東インド会社を救うために、英国政府の行った試みです。その目的は、その英国の会社に、米国への茶の独占販売を許可するというものでした。そして植民者は茶を必要としていたため、この条令によりボイコットが不首尾に終わり、長く維持できなくなります。それでも、11月に東インド会社の3隻の船がボストン港に到着したとき、ボストン市民はそれらの積荷を降ろすことを承諾しませんでした。そして、船と積荷は、12月16日に、政治活動家たちが船に乗り込んで茶を港に投げ込んでしまうまで、港に停泊したままでした。

　英国政府は、無情な報復措置を速やかに取りました。高圧的諸法が直ちに施行されたのです。4つの高圧的諸法は、ボストン港法、マサチューセッツ統治法、宿舎法、裁判権法でした。その内容が厳しいものであったため、植民者は反乱を起こす以外に状況に応じた手立てがなくなりました。

速読術のテクニック

1パッセージの解答時間は最大平均11分（55分÷5パッセージ）です。安全を見て、10分にしましょう。10問平均の設問があるわけですから、1問あたり1分ですね。これで大丈夫ですか。

場合によっては、同じ内容を数回読み返さなければなりません。そのため、最初に文章を読む時間を設定しましょう。1パッセージ3分で読みましょう。およそ300語の文章を3分で読むのですから、1分あたり100語を読める力を身につけましょう。

● 問題を解く前にパッセージを速読

それでは、設問構成で使ったパッセージを使用して、速読を用いて読みましょう。ポイントは：

① **読んだら戻らない**
1度読んだ場所をもう1度読むことはしません。読みっぱなしにします。

② **スピードはできるだけコンスタントに**
早かったり、ゆっくりしたりしないで、一定の速度で読むようにします。

③ **冠詞とbe動詞は読み飛ばす**
冠詞とbe動詞は読み飛ばしても、全体の読解に大きく影響はしません。

④ **100%の理解を期待しない**
速読で100%の理解をすれば簡単です。でも、そんな期待はしないでください。最初は50%の理解度で十分。語彙力や背景知識が備わってきたら70%を目指すようにしましょう。

⑤ **メトロノームなどのピッチを測る音を用意**
最近では、ネット上のメトロノームでピッチを測れます。ピッチ100に設定してください。1分間に100語を読みます。

それでは、例文のパラグラフ1を読みましょう。最初は、冠詞とbe動詞を除いて、1語をピッチ音に合わせて読んでください。一切意味を考える必要はありません。ひたすら目を動かすだけです。首を動かしてはいけません。眼球だけを動かすのです。

❶ **ピッチ100で読む**

It is often remarked upon that the environs, architecture and inhabitants of Boston, Massachusetts, bring to mind those of England. This is hardly surprising considering that the city lies on the northeastern coastline of the United States where pioneers from England first arrived. That Boston has guarded its historic links with Europe may however be considered remarkable when contemplating the events of 1773, wherein Bostonians protested so fiercely against unmerited British taxes that they culminated in the American Revolution.

45秒程度で読めたはずです。次にスピードを上げましょう。メトロノームの速度を150に設定してください。同じ文章を読みます。

❷ **ピッチ150で読む**
目は追いつきましたか。ちょっと厳しいですね。それでは、ピッチ120に落としましょう。

❸ **ピッチ120で読む**
大丈夫だったと思います。目を動かせるピッチは100〜120が適切だと思います。試しにもう少し遅くして読んでみましょう。

❹ **ピッチ80で読む**
遅すぎませんでしたか。このピッチでは老眼の入っている私でも遅すぎて逆につらいです。

● **留学で要求される速読**

留学したら1分間で300語ぐらい読めないと宿題をこなせない、という話を聞いたことはありませんか。それならば、ピッチ300で読んでいるのでしょうか。違います。チャンク（chunk：かたまり）で読んでいるのです。ある程度意味を成している単語のかたまりを作って読みます。それでは、練習をしましょう。スラッシュ「/」で切ったところを1ピッチで読んでください。ピッチは100です。

> It is often remarked / upon that the environs, / architecture and / inhabitants of / Boston, / Massachusetts, / bring to mind / those of England. / This is hardly / surprising / considering that / the city / lies on / the northeastern coastline / of the United States / where / pioneers from / England / first arrived. / That Boston / has guarded / its historic / links with / Europe / may / however / be considered / remarkable / when contemplating / the events of / 1773, / wherein Bostonians / protested / so fiercely / against / unmerited / British taxes / that / they culminated / in the / American Revolution.

20秒程度で読めたはずです。皆さんは今200語のピッチで読んでいたのです。私はビジネススクールだったため、非常に多くの読書量を要求されていました。留学前に速読教室に行き2週間目には800語を記録しました。1分間に500語以上を読むと「超音速」になります。周りの音は何も聞こえず、真空の中に漂っている感じです。皆さんも1度は試すとよいと思います。ただし、連続してこの速度を保てるのは経験上20分が限界です。かなりの体力を使いますから、気をつけてください。

ここまで来て聡明な読者の皆さんは気がついたと思います。結構簡単だったのは「1度読んだことがあるし、内容も知っているから」ですね。それでよいです。速読の練習はそれで十分です。皆さんの語彙力が上がり、読むことに慣れてくれば、「はじめての文章でも読める」ようになります。

速読をして問題を解く⇒理解をする⇒その文章を速読

この繰り返しをすることにより、自然と速読が身につきます。

他の速読法

① **スキミング**
必要な情報を取り出す方法です。たとえば選択肢に書かれている単語や事柄をパッセージの中から探し出します。そして、探し出してからその部分を精読します。なお、精読というのは文意を理解することです。

② **簡単にもう1度パッセージ内容を確認する部分速読**
一般的に文章はパラグラフの第1センテンスにリード部分と呼ばれる、そのパ

ラグラフの主要テーマが書かれています。ですから、各パラグラフの第1センテンスだけ読んで、全体の内容を把握する方法です。しかし、文章によってはパラグラフの途中や最終センテンスにも重要な情報が含まれていたりします。ですから、この方法で「読んだ気になる」のは危険でしょう。もう1度確認する方法に適しています。

● **文構造が複雑な場合**

例題は文構造が難しくありませんでした。しかし、本書でも本試験でも文構造を1回で理解できない文が出題されることがあります。そのようなときは、①どれが主語か、②どれが述語動詞か、③どれが目的格か、などを認識する必要があります。それでは、次のセンテンスでは、どれが主語で、どれが述語動詞かを見ましょう。

> Arguably the best known American poet of the 20th century, Allen Ginsberg, along with the well-known novelist, Jack Kerouac, was at the forefront of the beat generation, a literary movement dedicated to rebellion against the social norms of the time, in the 1950s. （訳は後述）

① **主語は？**　　　　　　Allen Ginsberg
② **述語動詞は？**　　　　was

主語と述語動詞が分かったところで、この文を簡略化しましょう。
Allen Ginsberg was at the forefront of the beat generation.

③ **Allen Ginsberg とは誰ですか。**
the best known American poet of the 20th century です。

④ **the beat generation とは何ですか。**
a literary movement です。そして、それは rebellion against the social norms だったのです。

⑤ **Jack Kerouac とは誰ですか。**
well-known novelist で Allen Ginsberg と同じく the beat generation だったのです。

1回目の速読では、ここまでは理解しにくいと思います。そして、そこに重要な情報が含まれている場合には、文を分解して理解することが大事です。そして、この方法のように、なるべく日本語に訳さないようにしましょう。

（訳例）

異論もあるでしょうが、20世紀最も有名なアメリカの詩人、アレン・ギンスバーグは、有名な作家のジャック・ケルアックとともに、ビートジェネレーションの中心的存在でした。ビートジェネレーションとは、1950年代に当時の社会規範に対して反抗的姿勢を貫いた文学運動のことです。

Primary Test

Questions 1–10

　ミツバチは米国の農業に欠かせない存在です。ミツバチはほとんどの花や野菜のポリネーター（受粉媒介者）であり、全穀物の受粉の80パーセントがミツバチによって行われ、年間の農業収益への寄与額は150億ドルに達します。食糧供給の3分の1はハチによる穀物受粉に頼っているのです。

　受粉とは花のオシベ（葯）の花粉をメシベ（柱頭）に運ぶことであり、果実や種に至る過程の第1歩になります。花粉は同じ花の葯から柱頭に運ばれる場合がありますが（自家受粉）、多くの植物の花粉は他の花の柱頭に運ばれます（異花受粉）。多くの植物ではオシベとメシベの成熟時期に差があるため、自家受粉が起こり得ないのです。スイカやカボチャなどの花には雄花と雌花があります。オリーブや桑の木などはオスとメスの木に分かれています。そのため、花粉はある花から別の花へと運ばれなければなりません。

　風もしくは水に花粉を運んでもらう植物（たとえばイネ科牧草）もありますが、ほとんどの植物はハチやハエのような昆虫、あるいはハチドリやコウモリなどの動物に頼らなければなりません。ハチドリやコウモリなどのポリネーターは主に花蜜に引かれてやってきます。ミツバチは受粉効率でその10倍にもなります。自分たちの幼虫に花粉を食べさせるために、花粉を持った花を追い求めるのです。さらに、ミツバチの大型のコロニーは、どこへでも運搬可能です。たとえば、毎年150万匹のミツバチが全米各地からカリフォルニア州中部へ運ばれ、アーモンドの木の受粉に使われます。カリフォルニア州のアーモンドは世界のアーモンド生産の80パーセントを占めています。アーモンドの受粉は完全にハチに頼っているのです。

　最近ミツバチの激減が取りざたされていますが、これがアメリカの食糧供給と経済にとって脅威となっています。ミツバチのコロニーの数が1970年代の400万個以上から、2012年の360万個、2013年の250万個へと減っているのです。ネオニコチノイドなどの殺虫剤、携帯電話の電磁場、ウィルス、低栄養状態、自然の餌場の喪失などが相まってこの危機をつくり出していると考えられています。

Primary Test

1. このパッセージのテーマは、次のどれですか。
　(A) 顕花植物の生体構造
　(B) ミツバチによる受粉の効率性
　(C) 食糧生産の失敗
　(D) ハチの巣の構造

正解 B

解説　(B) の「ミツバチによる受粉の効率性」と (C) の「食糧生産の失敗」で少し迷うと思います。第4パラグラフではミツバチの減少が述べられています。しかし、全体としてはミツバチの受粉について述べていますから、(B) の方が良いでしょう。

---

2. 1行目の vital に最も意味の近い語は？
　(A) 十分な
　(B) 重大な
　(C) 活発な
　(D) 重要でない

正解 B

解説　vital は「きわめて重要な」という意味です。同時に「生命の」という意味もあります。その同義語は (C) の lively になります。正解の (B) の critical には「批判的な、批評の」という意味の他に「重要な」という意味があります。(D) の unimportant が反意語で入っていますので、難易度が若干下がります。

---

3. 第2パラグラフによれば、スイカについて、次のどれが正しいですか。
　(A) 雄株と雌株がある。
　(B) 自家受粉する。
　(C) 葯と柱頭がない。
　(D) 異花受粉する。

正解 D

解説　第2パラグラフの第4センテンスに "Plants such as watermelons and squashes have separate male and female flowers ..." と書かれています。スイカに関しては「異なる雄花、雌花がある」という意味です。(A) の意味は、「雄花を付ける木」「雌花を付ける木」として異株だということです。そのため、(A) は選択できません。第5センテンスで「ある花から他の花に花粉が運ばれなければならない」として "cross-pollinated" だということが分かります。

---

4. 14行目の separate に最も意味の近い語は？
　(A) 独立した
　(B) 中性の

(C) 付属した
(D) 多くの

正解 A

解説 separate は「別の、離れた」の意味です。(A) の independent を直接選択しましょう。(C) の attached が反意語に近いでしょう。

---

5. パッセージによると、他のポリネーターと違ってミツバチが特に重要な理由は？
(A) 花を食べる。
(B) 花蜜により多く引き寄せられる。
(C) 幼虫を花まで運ぶ。
(D) 花粉を必要とする。

正解 D

解説 第3パラグラフの第3センテンスに "Honeybees are up to 10 times as efficient ... because they feed pollen to their larvae." と書かれています。他の pollinator は蜜を欲しがるだけですが、ミツバチは花粉を幼虫に食べさせるからです。(C) はパッセージに書かれていませんので、選択できません。(D) が非常にシンプルに「花粉が必要」と要約しています。

---

6. 23行目の seek に最も意味の近い語は？
(A) 発見する
(B) 探し求める
(C) 移動する
(D) 切望する

正解 B

解説 seek は「探し求める」という意味です。(A) の discover は「発見する」と、探した結果を示しています。(B) の search for を直接選択できる語彙力を身につけましょう。

---

7. ミツバチが役立つ理由は、次のどれですか。
(A) さまざまな場所に運ぶことができる。
(B) 主としてカリフォルニア州に生息している。
(C) もっぱらアーモンドの果実を餌にしている。
(D) 他のポリネーターに危害を加えない。

正解 A

解説 第3パラグラフの第4センテンスに "Further, large colonies of honeybees can be moved wherever they are needed." と書かれています。ミツバチが巣ごと輸送可能なのが分かります。(B) と (C) は続く第5センテンスに書かれている内容を誤って

伝えています。

---

8. ミツバチの個体数減少の考え得る原因として、パッセージの中で言及されていないものはどれですか。
  (A) 農薬
  (B) ウィルス
  (C) 健康状態の悪化
  (D) 花を付ける外来種

正解 D

解説 第4パラグラフの第3センテンスにさまざまなミツバチの減少を招いた可能性がある理由が書かれています。pesticide（農薬）、electromagnetic fields（磁場）、virus（ウィルス）、malnutrition（栄養不良）、loss of natural foraging areas（餌場の減少）などです。(D) は述べられていません。

---

9. 37行目の contribute to に最も意味の近い語は？
  (A) 受け取る
  (B) 屈服する
  (C) 促進する
  (D) 取り除く

正解 C

解説 contribute to は「～の原因となる、貢献する」という意味です。普段は良い意味に使われますが、ここでは crisis を「起こした」という意味です。(C) の prompt が同義となります。(D) の take away は、反意語となります。

---

10. このパッセージから推察できるのは、次のどれですか。
  (A) 米国の農業生産はミツバチの巣の減少によって落ち込む恐れがある。
  (B) 企業はミツバチに害を及ぼさない新たな殺虫剤の開発に熱を入れている。
  (C) 自家受粉は食糧生産に最も適している。
  (D) ハエ、ハチドリ、コウモリの数が増えつつある。

正解 A

解説 (B) と (C) は推測され得ますが、書かれていません。第4パラグラフの第1センテンスに "The recent die-off of honeybees threatens America's food supply and economy." と直接書かれています。TOEFL 試験で infer（推測する）は、おおむね書かれていることと考えてください。

Questions 11–20

　イヌイットの住居からアンデス地方の人々の住居に至るまで、ネイティブアメリカンの小屋に共通した特徴は、住民の環境と生活様式に合わせて非常に便利に造られている点にあります。たとえば、イグルーは木やクジラの骨でできたドーム型のフレームで造られているため、夏には獣皮で、冬には芝土で外と内を隔離することができます。換気が可能で、かつ内部の熱を外に逃がさないようにするために、出入り口は地面より低く造られています。アメリカ大陸のはるか北方の地のイヌイットには、生き残るために、このような特徴がきわめて重要なのです。イグルーの仮住まい的な性質は、その地方の急激な気候の変化や、イヌイットの遊牧の生活スタイルには理想的です。簡単に移動し、季節に合わせて住居を適応させることができるのです。

　セミノール族のチキは、草ぶき屋根の横が開放された、支柱に支えられた住居です。このような造りは、一種の自然な空気調節システムの役割を果たすので、フロリダやオクラホマのような気候には非常に実用的です。セミノール族は18世紀まで発展せず、そのため定住をしており、移動性のないセミノール族の住居は、彼らの定住型の生活様式を表しています。どうしてチキが支柱の上に建てられるか、ということについては、セミノールの環境と生活様式をもって説明することができます。セミノールの土地の大半は低地なので、洪水の被害を最小限にするために、支柱が必要とされるのです。

　北米平原の人たちは、最も有名なネイティブアメリカンのテント小屋、ティーピーで生活していました。ティーピーとは、平原の遊牧狩猟族に適した、非常に移動性に富んだ住居のことです。それは、円錐形のテントで、棒のフレームからできており、バッファローの獣皮が掛かっています。真上には、中で火をたいた場合に煙突の役割を果たす穴が開いており、横は出入りや換気のために開放されています。そして解体と組み立てを簡単にするために、留めくぎのみで地面につながれています。外見上シンプルな構成を持つこれらのテントとは対照的に、アンディアン文化では、石やセメント、木や日干しレンガで、しばしば住居が入念に建設されました。

Primary Test

11. このパッセージのテーマとして最もふさわしいと思われるのは、次のどれですか。
(A) ネイティブアメリカンの住居
(B) ネイティブアメリカンの部族
(C) イヌイットの住まい
(D) セミノール族の文化

正解 A

解説 パラグラフごとに見てみましょう。第1パラグラフはイグルーについて、第2パラグラフはチキについて、第3パラグラフはティーピーについて述べています。すべてが、居住している家の話題です。(A) のネイティブアメリカンの住居が最適です。

---

12. 第1パラグラフによれば、イグルーの特徴的構造の理由として挙げられていないのは、次のどれですか。
(A) 寒冷な気候
(B) 家族の大きさ
(C) 生活様式
(D) 変化に富む季節

正解 B

解説 イヌイットたちは寒い気候のもとで、イグルーを造りました。ですから、(A) は正しいです。移動をしながら生活するためのものですから (C) も正しいです。そして、夏と冬で素材を変えていますから (D) も正しいです。しかし、(B) の「家族の大きさ」によって、デザインが変わるということは書かれていません。

---

13. 10行目の crucial に最も意味が近い語は？
(A) 取るに足らない
(B) 無用な
(C) 重要な
(D) 決定的な

正解 C

解説 生存に対して crucial（重要な）だ、と言う意味で使われています。(C) の vital は「重要な」という意味です。なお、(A) の marginal は crucial の反意語になっています。

---

14. 16行目の affords に最も意味が近い語は？
(A) の代金を払う
(B) を与える
(C) （いくらの金が）かかる
(D) 金をためる

33

正解 B

解説 afford は多義語です。「～の（金銭的）余裕がある、～を生じる、～を与える」という意味があります。文意から考えて「～をもたらす」から「～を与える」と考え (B) の provides が最適となります。なお、他の選択肢はすべて金銭に関係する語句です。

---

15. セミノール族はどのような住居に住んでいましたか。
   (A) チキ
   (B) 土台の柱
   (C) イグルー
   (D) ティーピー

正解 A

解説 第 2 パラグラフの第 1 センテンスに "The chikee of the Seminole tribe …" と書かれています。(A) が正解です。しかし、(B) の stilts（土台の柱）を悩むのではないかと思います。家を聞かれているので、構造ではないことに気をつけてください。

---

16. このパッセージによると、セミノール族について正しくないのは、次のどれですか。
   (A) セミノール族はフロリダに住んでいる。
   (B) セミノール族はオクラホマに住んでいる。
   (C) セミノール族は比較的新しい部族である。
   (D) セミノール族は遊牧の民である。

正解 D

解説 第 2 パラグラフの第 3 センテンスに "The Seminole tribe did not develop until … and so is sedentary in nature …" と書かれています。(C) については 18 世紀まで発展しなかったと書いてありますから、正しいです。sedentary は「定着している」という意味です。(D) の nomadic（遊牧の）ではありません。

---

17. 24 行目の terrain に最も意味が近い語は？
   (A) 芝土
   (B) 家屋
   (C) 土地
   (D) 山

正解 C

解説 "on low-lying terrain" の意味を推測しましょう。続く文に "… thus the silts are required to minimize the possibility of flood damage." と書かれています。洪水の被害を最小にするのです。洪水の危険があるのは、「低地」です。(C) の land（土地）が正解です。

18. このパッセージによると、夏のイグルーとティーピーの両方について正しくないのは、次のどれですか。

(A) 両方ともその居住者の生活様式に適合している。
(B) 両方ともドーム型をしている。
(C) 両方とも獣皮でできている。
(D) 両方とも簡単に運べる。

正解 **B**

解説 第1および第3パラグラフに書かれています。ティーピーは、昔からのインディアンの住居として映画にも出ている円錐形をしています。イグルーは、ドーム型であることが書かれています。ですから、その形は共通していません。なお、選択肢 (C) の animal pelts は獣皮の意味です。パッセージでは hides と書かれています。

19. 34行目の dismantle に最も意味が近い語は？

(A) 建設する
(B) 運ぶ
(C) 分解する
(D) 粉々にする

正解 **C**

解説 含まれるセンテンスに "... making it easy to dismantle and erect." と書かれています。erect は「立てる」ことですから、その反対だと推測可能です。(C) の take apart が正解となります。(A) の build は反対語になります。なお、単語が分からない場合には、(B) の carry に間違える可能性があります。

20. 著者が引き続き、次のパラグラフで展開するだろうと思われる内容は、次のどれですか。

(A) 大平原の部族の生活様式と環境
(B) 今日の居留地の住居
(C) アンデス地方の人々の住居
(D) アンデス地方の人々の生活様式と環境

正解 **C**

解説 最終センテンスで Andean cultures について述べています。パッセージ全体が居住について書かれていますから、(C) のアンデス地方の人々の住居について述べる、と考えるのが最適です。

Questions 21–30

　印象主義は対象もしくは事象に対する直観的印象を表現する芸術様式です。印象主義は対象がどう見えるはずだというのではなく、実際にどのように自然に見えたかを重視しました。印象派の画家たちは戸外に出て絵を描き、その基本方針として形式や内容ではなく光の優越を声高に主張し、芸術的アプローチと技法に革命をもたらしたのです。肉眼に映ったように反射光を再現するという彼らの目的は、カンバスから色と色との間を視線が行き来する効果をもたらしています。こうした光が反射する景色を表現するために使われた技法は「分割描法」と呼ばれましたが、その後これは「点描画法」として広く知られるようになりました。パレットの上で絵の具を混ぜるのではなく、絵の具を１つ１つ純色の点にして描いてゆく技法です。

　印象主義という言葉から最初に思い浮かぶのは、虹のようにカラフルな絵で絵画に革命を起こしたフランスの画家たちの作品です。彼らの代表作は 1870 年から 1910 年頃までに制作されました。この用語がはじめて使われたのが 1874 年のことでした。フランスの印象派の画家たちは 1800 年代半ばに起こった絵画の写実主義運動に影響されましたが、写真の技術の登場に刺激された人々もいました。彼らは形式にとらわれない自然発生的な構図を好み、自然光が差す戸外で一気に絵を描くことにこだわりました。一方バロック芸術やルネサンス芸術の中で言われてきた、美は古典の中にこそ見いだされるという古い金言に正面切って疑問を呈したのです。

　最も重要な印象派の画家といえばマネ、ピサロ、ドガ、シスレー、モネ、ルノアールらです。マネは写実主義の画家で、日常生活を作品にしました。モネは大気の作用の微妙な変化を伝えるのを好みました。ピサロとシスレーはフランスの田舎や川の景色を描きました。ドガは踊り子や競走馬を好んで描き、ルノアールは人物や花に降り注ぐ日光の作用を好んで描きました。ポスト印象派は印象派から発展した多様な運動でしたが、印象派の視覚効果に新たな特徴を加えました。

21. 次のうち、筆者が言わんとしていることではないものはどれですか。
   (A) 光の効果は印象主義の大事な要素である。
   (B) 形式にとらわれない構成はルネサンス芸術の特徴である。
   (C) 写真は印象主義に影響を与えた。
   (D) 印象派の画家はアトリエから出て絵を描いた。

正解 B

解説 選択肢を1つ1つ見ましょう。第1パラグラフの第3センテンスに "... loudly proclaiming the supremacy of light, ..." と書かれています。光のすばらしさをたたえています。(A) は正しいです。第2パラグラフの第3センテンスに "... some may have been inspired by the science of photography." と書かれています。写真が影響を与えたため (C) は正しいです。同じく第4センテンスに "... preferring to work outdoors in natural light, ..." と書かれています。スタジオの外で描くことを好んだことが分かります。そのため (D) は正しいです。同じセンテンスに "They favored compositions that seemed informal and spontaneous ... while seriously questioning the old adage held in Baroque and Renaissance art ..." と書かれています。印象派はインフォーマルで伸び伸びしたものを好み、ルネッサンス派はフォーマルなものを好んだことを示唆しています。(B) は誤りです。難易度が高いですから、消去法を必ず行ってください。

---

22. このパッセージによると、「点描画法」とは、次のどれですか。
   (A) 芸術運動
   (B) パレットの上で絵の具を混ぜるなどの絵画技法
   (C) 絵の具を塗る技法
   (D) 印象派の画家の基本原則

正解 C

解説 第1パラグラフの第6センテンスに定義があります。"The technique is achieved by applying paint ..." と書かれています。絵の具を塗る方法です。日本語では点描画法です。

---

23. 14行目の it は何を指していますか。
   (A) 技法
   (B) 分割描法
   (C) 点描画法
   (D) 絵の具

正解 D

解説 含まれるセンテンスは "... instead of mixing it on a palette." と書かれています。パレットの上で混ぜるものは絵の具です。

24. このパッセージよると、印象主義という言葉が使われるようになったのはいつですか。

(A) 1800 年代半ば
(B) 1870 年と 1910 年の間
(C) 1900 年代後半
(D) 1874 年

正解 D

解説 第 2 パラグラフの第 2 センテンスに "... it was in 1874 when the term was first used." と書かれています。term は「専門用語」という意味です。印象派という用語が使われたのは、1874 年です。ボーナス問題でしょう。

---

25. 21行目の influenced に最も意味が近い語は？

(A) 影響された
(B) 非難された
(C) 強調された
(D) 精巧に作られた

正解 A

解説 含まれるセンテンスに "The French impressionist were influenced by a realistic movement ..." と書かれています。写実主義 (realism) に「〜された」ことが分かります。influenced は「影響された」という意味です。(A) の affected は「影響された」という意味で同義語になります。(C) の emphasized では「強調された」となり、写実主義の方が後の絵画運動になってしまいます。同様に (D) の elaborated も、時系列が逆になります。

---

26. 26行目の adage に最も意味が近い語は？

(A) 格言
(B) 遅さ
(C) 芸術用語
(D) 散文

正解 A

解説 adage は「金言、格言」という意味です。含まれるセンテンスに "... the old adage ... that beauty was only found by copying antiquity." と書かれています。that 以下の内容、「古きものを模写することによりのみ、美が見いだされる」が adage だということです。(A) の proverb は「金言、格言」という意味で同義語になります。proverb が分からない場合には (B) の slowness を消去するのが精いっぱいでしょう。

---

27. 32行目の subtle に最も意味が近い語は？

(A) わずかな
(B) 明らかな
(C) 実体的な
(D) 怒り狂った

正解 A

解説 subtle は「微細な、微妙な」という意味です。(A) の slight が同義語になります。(B) の obvious は反意語です。

---

28. このパッセージでは、モネは自分の絵で何を表現しようとしたと示唆しますか。
(A) 日常生活
(B) 花に差す光の効果
(C) 影と光の変化
(D) 戸外で作業するときの感情変化

正解 C

解説 第3パラグラフの第2センテンスに "... Monet liked to convey subtle changes in atmospheric effects ..." と書かれています。大気の影響による（光の）変化を伝えるのを好んだのです。(C) のように直接、印影と光とは書かれていませんが、推測できます。なお、(A) の日常を書いたのはマネ、(B) の花への光の影響を書いたのはルノワールです。

---

29. 次の語のうち、どれが印象主義を最もよく言い表していますか。
(A) 規則に従う人
(B) 革命的な
(C) 実践的な
(D) 折衷主義の

正解 B

解説 第1パラグラフの第3センテンスに "They engendered a revolution ..." と書かれています。ここから、(B) の revolutionary が直接選択できます。

---

30. 次のパラグラフで筆者は、次のどれについて説明を続けるだろうと思いますか。
(A) 二流の印象派画家
(B) フランス印象派の作品
(C) ポスト印象主義の発展
(D) 写実主義

正解 C

解説 次のパラグラフは最終センテンスに書かれた内容が主に続きます。第3パラグラフの第4センテンスに "Postimpressionism was a general movement that developed out of impressionism ..." と印象派から派生したのが「後期印象派」であることが分かります。このことを次に述べます。ちなみに、後期印象派にはセザンヌ、ゴッホ、ゴーギャンなどがいます。

■ Questions 31–40

　1900年代初期はアメリカ人芸術家にとって苦難の時代でした。美術館がアメリカ芸術よりヨーロッパ芸術を重視していたからです。しかしながらアメリカ人の作品を支援するパトロンがいました。中でも特に有名なのがガートルード・バンダービルト・ホイットニーでした。この非常に裕福なアメリカ人女性は、自分自身も高い評価を受けた彫刻家でしたが、同時に芸術作品のコレクターでした。彼女は夫とともにホイットニー・スタジオ・クラブを創設しました。同時代のアメリカ人アーチストの作品を展示するこのスタジオは、ニューヨーク市のグリニッチビレッジにあり、レファレンス図書館、スケッチ用アトリエ、ビリヤード台も備えていました。アメリカ人アーチストが学んだり気分転換したりするほかに、その作品を展示して販売する場所を提供したのです。

　1929年、ホイットニーはアメリカ人アーチストの作品約700点のコレクションをメトロポリタン美術館に寄贈したいと申し出ました。しかし、その彼女の申し出は断られたのです。新しくオープンした現代アート美術館のヨーロッパ芸術偏重を如実に示すこの拒絶にあって、ホイットニーは、アメリカ人アーチスト作品を対象としたホイットニー美術館を創設するしかないと考えたのでした。この美術館は現役アーチストの作品を集中的に集めるとともに、作品またはアーチストが著名になる前にその作品を購入しました。ホイットニー美術館が1931年に開館したことは、アメリカ人アーチストにとっては運が良かったといえます。なぜなら大恐慌時代が始まったばかりで、何百万人というアメリカ人が職を失っていたからです。（アーチストに対するガートルード・バンダービルト・ホイットニーの心配りを引き継いで、ホイットニー美術館は今日でも現役アーチストの作品は売却しません。それはアーチストの経歴に傷をつけるかもしれないからです）

　今日では、ホイットニー美術館は20世紀のアメリカン・アートの、おそらく世界最高のコレクションを所蔵する美術館です。同美術館は今も現役アーチストの作品に重きを置き、新作発表のホイットニー・ビエンナー

レは最先端芸術を紹介し続けています。現代アートを発掘する定期的な展示会を開いている美術館はほかにありません。ホイットニー美術館は最新の作品を購入して展示しています。そのコレクションは時代の先端を走り続け、無名のアーチストがその作品を展示できる場であり続けているのです。

31. このパッセージのメインテーマは何ですか。
(A) ガートルード・バンダービルト・ホイットニーの生涯
(B) アメリカ現代アートの歴史
(C) ホイットニー美術館のアメリカン・アートへの貢献
(D) 若手アメリカ人アーチストの作品

正解 C

解説 第1パラグラフは、ホイットニーの個人的な若い芸術家への貢献が書かれています。第2パラグラフは、ホイットニー美術館の創設が書かれています。第3パラグラフは、ホイットニー美術館の現代芸術に対する貢献が書かれています。全体を通して、(C)のホイットニー美術館の現代芸術に対する貢献と見なされます。

32. 4行目の prominent に最も意味の近い語は？
(A) 有名な
(B) 決定的な
(C) 悪名高い
(D) ほとんど知られていない

正解 A

解説 prominent は「卓越した、有名な」という意味です。正解の (A) の renowned は「有名な」という意味です。(B) の critical には「重要な」という意味がありますが、「有名な」という意味とは異なります。

33. 1900年代初期の美術館の姿勢としてどんなことが推察できますか。
(A) ガートルード・バンダービルト・ホイットニーを尊敬していた。
(B) アメリカ人アーチストに大して関心を示さなかった。
(C) 大恐慌のためほとんどが閉館してしまった。
(D) ホイットニー・スタジオ・クラブを買収した。

正解 B

解説 第1パラグラフの第1センテンスに "A problem for American artists in the early 1900s was the preference of museums for European art over American." と書かれています。ヨーロッパの絵画を好み、アメリカの絵画は好まれな

かったのです。それを言い換えたのが、(B) になります。

34. 12行目の their は何を指していますか。
(A) 美術館
(B) ホイットニーと彼女の夫
(C) 展覧会
(D) アメリカ人アーチスト

正解 D

解説 their work は「彼らの作品」という意味です。同じセンテンス内の "... gave them a place to study ..." の them も同じものを指しています。「彼らに勉強する場所を与えた」ですから、ホイットニーと夫ではありません。(D) のアメリカの芸術家です。

35. 次のどれが、ホイットニー・スタジオ・クラブがアーチストたちに提供しなかったですか。
(A) 蔵書
(B) 仕事場
(C) ゲーム場
(D) 宿泊設備

正解 D

解説 第1パラグラフの最終センテンスに書かれています。a reference library は図書館で (A)。a sketching studio はスタジオですから (B)。a billiards table はビリヤード台で (C)。(D) の boarding は、書かれていません。

36. このパッセージによると、ホイットニーはなぜ自分自身の美術館を創設したのですか。
(A) メトロポリタン美術館は彼女のコレクションに十分な金を払わなかった。
(B) ホイットニーは同時代の芸術作品を売却するつもりだった。
(C) ホイットニーは、芸術に関心を持ち始めた頃から自分の美術館を創設したいと思っていた。
(D) メトロポリタン美術館はホイットニーのコレクションを展示したくなかった。

正解 D

解説 彼女がホイットニー美術館を造った理由は、第2パラグラフの第1センテンスに書かれています。"In 1929, Whitney offered her collection ..., but her offer was declined." と書かれているように、メトロポリタン美術館は、ホイットニーの申し出を断ったのです。なお、(A) のお金のことは書かれていません。(B) に関しては、第2パラグラフのかっこ書きの中で "... museum even today never sells the work of ..." と書かれていますから、誤りだと分かります。(C) に関しては、第1パラグラフの第2センテ

ンスに "… who was herself a respected sculptor and art collector." として彫刻家でコレクターと書かれていますが、美術館の設立を目指した、とは書かれていません。

37. 19行目の exclusively に最も意味の近い語は？
(A) もっぱら
(B) 部分的に
(C) 途方もなく
(D) 特に

正解 A

解説 exclusively（もっぱら）は、非常に強い言葉です。アメリカの芸術家以外のものを除外する、というようなニュアンスがあります。(A) の solely は「もっぱら、全く」という意味で、やはり強い言葉です。間違いやすいのは、(D) の especially です。「特に」という意味ですから他のものも入っている可能性があります。

38. ホイットニー美術館について正しいことを言っているのは、次のどれですか。
(A) ホイットニー美術館は現役アーチストの作品を販売する。
(B) アメリカ人アーチストは大恐慌の間、ホイットニー美術館で働いた。
(C) ホイットニー美術館は多くの無名アーチストの作品を所蔵している。
(D) ホイットニー美術館は現代画家をしばしばけなす。

正解 C

解説 (A) の選択肢は第2パラグラフのかっこ書きで "… the museum even today never sells …" と書かれていますから、間違いです。(B) については第2パラグラフの第4センテンスに大恐慌のことが書かれていますが、ホイットニー美術館で働いていたとは書かれていません。(D) は現代芸術をたたえていたわけですから、明らかに間違いです。(C) は第3パラグラフの最終センテンスで "… also providing a venue for unknown artists to display their work." と書かれていますから、無名の芸術家を扱っていたことが分かります。これが正しいです。

39. 37行目の venue に最も意味の近い語は？
(A) 地図
(B) 道路
(C) 雰囲気
(D) 場所

正解 D

解説 venue は「開催地、(仕事などの) 場所」という意味です。最終センテンスの "… to display their work." つまり「展示できる〜」と考えると (D) の place を選択できると思います。

40. 次のどれが、このパッセージから推察できますか。
(A) 今日、多くの美術館が現代アートを定期的に購入している。
(B) ホイットニー美術館は現代アートの最新作を展示している。
(C) ホイットニー美術館はガートルード・バンダービルト・ホイットニーの理想に従っていない。
(D) 現在、アメリカの多くの美術館がホイットニー美術館を金銭的に支援している。

正解 **B**

解説 (A) は第 3 パラグラフの第 3 センテンスに "Other museums do not follow regular schedules in acquiring ..." と書かれています。定期的に購入していないため、誤りです。(C) は第 2 パラグラフのかっこ内で "Continuing Gertrude Vanderbilt Whitney's concern ..." と書かれています。ホイットニーの意思を引き継いでいることが分かりますので、誤りです。(D) は書かれていません。(B) は第 3 パラグラフの第 2 センテンスで "... which present new work." と書かれています。常に最新のものを展示しています。

Questions 41–50

　周知のとおり、お金は中国に起源を持つと考えられています。しかしながら、それより以前にも、さまざまな品物が支払い形態として使われていました。米、犬の歯、賭け事のカウンター（計算用に使う硬貨）は、それぞれ時代と国は違うものの、すべて通貨として使われていたものです。このタイプのお金は、商品通貨として知られ、その価値は商品を構成する物質の価値によって決定されます。商品通貨として使用される最も一般的な物質は、金、銀、それから青銅でしょう。しかしながら、原始的な社会では、いまだに食物や衣服など、他の品物が使用されているところもあるかもしれません。

　最も初期の商品通貨には、おそらく動物や道具が用いられていました。しかしながら、紀元前 600 年頃になると、リュディア人と中国人がより進化した形の通貨である硬貨を使用、発行し始めます。これら初期の硬貨はやや粗雑なもので、精製された金や銀の硬貨が広く使用されるようになるまでには、それから数世紀を要しました。最初の硬貨を造ったのはリュディア人で、より洗練されたものとして、上質でバラエティに富んだ金と銀の硬貨を鋳造していたと信じられています。そして、そういった上質のコインは、すぐにギリシャ、ローマ、ローマ帝国に広まり、使用されるよう

になりました。

　現在、私たちにとって最もなじみのある通貨のタイプは、印の入った不換紙幣でしょう。これは商品貨幣の対極にあるもので、不換紙幣の価値は法令によって定められ、その構成要素の価値とは全く関係ありません。中国人が不換紙幣を最初に使用したというのが通説となっています。9世紀前半、唐の政府が貨幣に対する需要に対処し切れなくなり、すでに使用されていた数珠つなぎの銅貨とともに、紙幣の発行を開始したのです。

　それに対して西洋は、冒険家であるマルコ・ポーロを通じて、数世紀にわたり紙幣についての知識はあったものの、硬貨の使用を継続する方を選び、紙幣を通貨として採用、あるいは採用を試みることはありませんでした。最初の紙幣がアメリカで発行されたのは、17世紀のことになります。

41. このパッセージのタイトルとして最もふさわしいのは、次のどれでしょうか。
(A) 貨幣史総論
(B) 初期の貨幣の歴史
(C) 紙幣の歴史
(D) 商品貨幣の歴史

正解 B

解説　本文中で書かれている fiat money（法定不換紙幣）の意味を知っていると楽に解けます。知らなくとも、第4パラグラフで米国において最初の紙幣が発行されるのは17世紀を待ってから、と書かれています。(B) の「初期の貨幣の歴史」を選択すべきでしょう。

42. 5行目の served as に最も意味が近い語句は？
(A) 〜として育まれた
(B) 〜として使われた
(C) 〜として知られた
(D) 〜として参照された

正解 B

解説　"served as" は本文で「使用されていた」という意味として使われています。serve（奉仕する、給仕する、役に立つ）の意味のうち、「役に立つ」という意味で使われています。

43. 第1パラグラフによれば、次のうち商品貨幣の例として言われていないのはどれですか。

(A) 銀
(B) 衣服
(C) 金
(D) 紙

正解 D

解説 commodity（商品、生産物）の意味は皆さん知っていると思います。commodity money（物品貨幣）と言われるものには、通常 paper money（紙幣）は含まれません。第1パラグラフの第4センテンスには、「金、銀、青銅」の他に「食料、衣服」が書かれています。しかし、paper は書かれていません。

---

44. このパッセージによれば、次のうちリュディア人について正しくないのはどれですか。
(A) リュディア人は最初にコインを使い始めた民族の1つだ。
(B) リュディア人は最初に不換紙幣を使い始めた民族の1つだ。
(C) リュディア人は最初に銀貨と金貨を発行した。
(D) リュディア人は貨幣鋳造にたけていた。

正解 B

解説 coin（硬貨）と fiat money（法定不換紙幣）を勘違いしないようにしましょう。第2パラグラフと第3パラグラフを混同すると間違えます。第3パラグラフの第3センテンスには "The Chinese are generally accepted to be the first users of fiat money ..." と書かれています。中国が最初に paper money を使ったのです。

---

45. 14行目の crude に最も意味が近い語は？
(A) 生の
(B) 粗雑な
(C) 発達した
(D) 繊細な

正解 B

解説 本文での crude は「粗雑な」という意味で使われています。crude は他にも crude oil（原油）に見られるように「天然のままの、加工されていない」という意味もあります。しかし、含まれるセンテンスの "... before the more refined gold ..." からも refined（洗練された）と対比される語として使用されています。そのため、coarse（粗末な）を選択してください。なお、(C) や (D) の選択肢は、反意語に当たります。

---

46. 18行目の their が指しているのは？
(A) リュディア人
(B) 最初のコイン

(C) 上質でバラエティに富んだ金と銀の硬貨
(D) ギリシャ、ローマ、ローマ帝国

正解 B

解説 (A) と (B) で迷うと思います。しかし、含まれるセンテンスの "... refinement to the superior gold and silver varieties." から、「何が refine（洗練する）されたか」を考えましょう。coin が最適になります。難易度が高い問題ですが、分からないときは思い切って確率 50% でマークをしましょう。

---

47. 21行目の conversant に最も意味が近い語は？
(A) くつろいだ
(B) なじみのある
(C) 満足している
(D) 普通の

正解 B

解説 "be conversant with"（よく知っている）を、この問題で覚えておきましょう。すべての選択肢は、文中に入れた場合には溶け込んでしまうのです。この単語を知らない場合には、時間をここでかけずに思いっきりよく選択してください。難問と言えるでしょう。

---

48. このパッセージによれば、紙幣が中国で最初に使われ始めたのはいつですか。
(A) 800 年代初期
(B) 800 年代後期
(C) 900 年代初期
(D) 900 年代初期

正解 A

解説 パラグラフ 3 の第 4 センテンス、"In the first half of the 9th century ..." をよく理解しましょう。9 世紀の最初の半世紀という意味です。9 世紀は 800 年代ですから気をつけてください。あわてると、900 年代を選択してしまう可能性があります。結構この間違いをする方が多いので注意が必要です。

---

49. このパッセージによれば、不換紙幣の価値は、次のどれでしょうか。
(A) 使われた構成物に比例する
(B) コインとの密な関連がある
(C) 政府の決定による
(D) コインより相対的に価値が低い

正解 C

解説 第 3 パラグラフの第 2 センテンスに "... the value of fiat money is decreed by law and has no relation to the value of the constituents." と書かれています。法に定められ、構成物に関連性がない、という意味です。この文意のとおりに直接 (C) を選択してください。この設問の段階ですでに、fiat money が紙幣のことを言っているのだ、という読解力を身につけましょう。

---

50. 筆者が続くパッセージで論じると思われるのは、次のどのテーマだと思いますか。
   (A) 中国における紙幣の廃止
   (B) 中国における紙幣の再導入
   (C) 西洋における紙幣の導入と発展
   (D) 紙幣とインフレへの影響

正解 C

解説 最後が米国で紙幣が使われたことについて述べられていますので、(C) が最適でしょう。他のトピックでは、第 4 パラグラフの最終行と関連しません。

Test 2

Questions 1–10

　海水は、基本的に水と多様な塩から構成されています。海水の塩分は、水1000当たりの塩の割合で測定され、その数値は領域によって著しく変動します。塩分の平均は35ぐらいですが、紅海など、蒸発作用の高い領域では非常に高くなり、大陸のそばの海水ではゼロ近くまで下がります。塩分は、蒸発、降水、海の氷の溶解と凍結、および川から流れ込む淡水によって影響を受けます。

　塩は粒子から構成され、水の中で分解し、陽イオンと陰イオンを形成します。海水に含まれる主要な陽イオン、あるいはカチオンには、ナトリウム、マグネシウム、カルシウム、およびカリウムがあり、それぞれ水の単位1000当たり、10.5、1.3、0.4、0.4存在します。陰イオン、またはアニオンには塩化物と硫酸塩があり、それぞれの発生率は19、2.6になります。

　通常、塩性イオンはそれぞれ個別に動きますが、水が蒸発すると、それらは一緒になって、塩化ナトリウム、つまり普通の食塩や、低ナトリウム食品を取っている人々が一般的にライトソルトと呼んでいる塩化カリウム、および硫酸ナトリウムなどの塩が形成されます。塩分の測定とは異なり、イオンの相対的な比率は場所によって変わることはないので、塩分が一定ならば、所定の水の範囲でどれだけの塩が取れるかを予測することは簡単です。

　このような均一性があるため、科学者は1兆当たりの金がごくわずかな比率の5しか存在しなくても、世界の海洋にはおよそメートル法で700万トンの金が含まれることをきわめて正確に推定することができるのです。海水の大部分は水と塩から構成されていますが、その中には、人間の知っている天然元素もそれぞれ微量に含まれています。

　気温測定とともに、海洋学者は塩分をきわめて複雑な数式にかけ、海水の密度を測定することができます。これを使用して、潮流とさまざまな深さの水の動きを正確に予想することができるのです。

1. このパッセージのタイトルとして最もふさわしいのは、次のどれですか。
   (A) 塩分濃度の測定の応用
   (B) さまざまな塩とその利用
   (C) 海水の組成
   (D) 海洋学入門

正解 C

解説 パッセージの主題を考えたときには、「海水の（塩分濃度を中心課題とした）組成」になります。第1パラグラフでは、海水の塩分濃度の概略。第2パラグラフでは、海水の成分の比較。第3パラグラフでは、海水のイオンについて。第4パラグラフでは、海水に含まれる金。第5パラグラフでは、海水の密度の計算について、それぞれ述べています。

---

2. 塩分濃度の定義について説明しているセンテンスを第1パラグラフから選んでください。
   (A) 1行目から2行目まで
   (B) 2行目から4行目まで
   (C) 4行目から6行目まで
   (D) 7行目から8行目まで

正解 B

解説 concept（概念）というよりも定義に近いかもしれません。「1000分の1単位」として「塩分濃度」が計算されると書かれている第2センテンスが解答となります。設問の意味を理解しましょう。

---

3. 12行目のpresenceに最も意味が近い語は？
   (A) 容貌
   (B) 発生率
   (C) 明示
   (D) 供給

正解 B

解説 presenceは、「存在すること」です。完全な同義語ではありませんが(B)のincidence（発生率）が適切です。incident（出来事）とは異なりincidenceには「病気などの罹患（率）、発生（率）」などの意味があります。本文では同一パラグラフの15行目で使われていることでもあり選択しましょう。

---

4. 海水について正しい説明は、次のどれですか。
   (A) 海水は塩化物よりもより多くのナトリウムを含む。
   (B) 海水はカルシウムよりカリウムをより多く含む。

(C) 海水は塩化物と硫酸塩を同量含む。
(D) 海水はマグネシウムより硫酸塩をより多く含む。

正解 D

解説 第 2 パラグラフの第 2、第 3 センテンスをしっかり読んで解いてください。落とすともったいない問題です。respectively（おのおの）という副詞と順序に気をつけましょう。magnesium（マグネシウム）が 1.3 で、sulfate（硫酸塩）が 2.6 であることが分かります。

---

5. ライトソルトと同じ物質は、次のどれですか。
(A) 塩化ナトリウム
(B) 塩化カリウム
(C) 硫酸カルシウム
(D) 硫酸マグネシウム

正解 B

解説 第 3 パラグラフの第 1 センテンスに定義として "... potassium chloride which is commonly referred to as light salt ..." と載っています。落ち着いてセンテンスを読めば答えられます。

---

6. 27 行目の代名詞 it が指しているのは？
(A) この均一性
(B) 世界
(C) 100 万
(D) 金

正解 D

解説 含まれるセンテンスの "... it is present at the negligible ration of 5 parts per trillion." という意味は、「単位 1 兆あたり 5 存在する」ということですから、存在するものは金です。

---

7. 著者が第 4 パラグラフで金に言及した理由に当たらないのは、次のどれですか。
(A) その前の観点を説明するため
(B) 新たな観点を導入するため
(C) ある説が誤っていることを証明するため
(D) あるイメージを喚起するため

正解 C

解説 第 4 パラグラフの "Thanks to this uniformity, ..." が効いてきます。第 3 パラグラフのイオンの一様性を具体化しています。(C) の disprove（反証する）では、文意が逆となります。

8. 28行目の negligible に最も意味が近い語は？
(A) 非常に少ない
(B) 顕著な
(C) 正確な
(D) 著しい

正解 A

解説 negligible（無視できるほどの、ごくわずかの）は、"per trillion"（1 兆当たり）が分かれば、いかに少ないかを理解できるでしょう。また、含まれるセンテンスの "even though" もキーフレーズとして「少ないのだろうな」と推測できます。(A) の minuscule は「非常に小さい」という意味です。(B) と (D) では「かなり多くの」というニュアンスになります。(C) の accurate は「正確に」という意味ですから、文意が取れないでしょう。難易度は比較的低い単語群です。

9. このパッセージによると、海水について正しくないのは、次のどれですか。
(A) 塩分含有量は一定である。
(B) 金を含んでいる。
(C) 場所にかかわらず、イオンの相対比率は同一である。
(D) その密度はさまざまである。

正解 A

解説 文意が難しいのは、イオンと塩分濃度の関係です。この関係は、第 3 パラグラフに説明されています。また、イオンの一様性（uniformity）から金の含有量の推測を第 4 パラグラフで行っています。スキミング能力により、NOT 問題であることに気をつけて、消去法を用いれば解けます。ここは素直に、第 1 パラグラフの第 2 センテンスに塩分濃度は一様ではない、と書かれていますから (A) が選択できるでしょう。

10. 著者が引き続き次のパラグラフで論じるとしたら、次のどれになるでしょうか。
(A) 海水の密度が深海流にどのような影響を与えるか
(B) 表層と深海の水流の違い
(C) 塩分濃度と温度がどのようにして密度の測定に利用されるか
(D) 淡水とは対照的な海水の特徴

正解 A

解説 第 5 パラグラフ、最終センテンスに "currents and water movement" と書かれています。ここに続く文章を考えます。(A) あるいは (B) が「海流」に関係します。しかし、(B) は「表面と深海の海流」の相違です。このパッセージは海水の組成に関する内容ですから、そのことを述べている (A) が最適となります。

Questions 11–20

　ハッブル宇宙望遠鏡は、天文学者エドウィン・ハッブルにちなんで名づけられた望遠鏡で、米航空宇宙局（NASA）が製造し、1990年に宇宙に打ち上げられました。地球の大気は到達する光をゆがめたりブロックしたりします。そのため、宇宙の画像をもっと鮮明に見るためには宇宙望遠鏡が必要だったのです。ハッブルは宇宙望遠鏡としては最初のものではありませんが、長さが2.4メートルある最大級の望遠鏡です。またその汎用性においても屈指の望遠鏡です。ハッブルは可視光線も近赤外線も近紫外線もとらえることができます。

　さらにハッブルは、宇宙飛行士が宇宙で実際に点検修理できるただ1つの宇宙望遠鏡です。これが大きな幸運につながることになります。というのは、開発に12年を要し、4億ドルという当初の見積もりコストを超過して20億ドル以上かかったハッブルですが、宇宙に打ち上げられて数週間もしないうちに大きな欠陥が見つかったのです。（欠陥の原因調査に当たった委員会は、欠陥のある鏡を製造した光学メーカーとNASAの両方に、打ち上げ前に欠陥を発見し修理できなかった責任があるとしました）。しばらくの間、ハッブルはタイタニックになぞらえられたものです。これは巷間で取りざたされたジョークでしたが、NASAの広報の悪夢になってしまったのです。しかし、ハッブル宇宙望遠鏡は宇宙で修理可能なので、その欠陥は修繕され、科学への重要な貢献を始めました。

　ハッブル宇宙望遠鏡は数十万点の画像を地球に送信し、長年の宇宙の謎のいくつかに答えを出す情報を提供してくれましたが、それがまた新たな謎を招くことになりました。ハッブルは宇宙の年齢についての情報を提供してくれましたが、それが新しい疑問を呼ぶ結果となったのです。宇宙は拡張を続けていますが、それがスローダウンするどころか予期に反して加速していることを示したのです。その後に見つかった他の証拠からもこの加速の事実は確認されましたが、その理由は分かっていません。ハッブルのプログラムは、クエーサーとは何かを究明するとか、銀河とその中心にあるブラックホールの深い関係を示すとか、ダークエネルギーの存在を確認するといったことの役に立ってきました。

11. 第1パラグラフによれば、宇宙望遠鏡は通常の望遠鏡に比べてどんな利点がありますか。

(A) 宇宙望遠鏡は画像を拡大できる。
(B) 宇宙望遠鏡は近赤外線を感知できる。
(C) 宇宙望遠鏡は非常に大きくすることができる。
(D) 宇宙望遠鏡は地球の大気の干渉を避けることができる。

正解 D

解説 第1パラグラフの第2センテンスに "The Earth's atmosphere distorts and blocks light from reaching Earth, ..." と書かれています。大気による影響を受けないため、地上の天体望遠鏡に比べて宇宙望遠鏡の方がより良い環境にあることが分かります。選択肢 (D) の interference は「妨害、干渉」という意味です。

---

12. 5行目の distorts に最も意味が近い語は？

(A) 変更する
(B) まっすぐにする
(C) 放射する
(D) 切り取る

正解 A

解説 distort は「ゆがめる」という意味です。前問を間違えた方は、この問題も間違えるかもしれません。同一センテンスで "distorts and blocks light from reaching Earth, ..." と書かれていることから block（妨げる、ふさぐ）と近い、ある意味「悪い」イメージのある単語と分かれば (B) の straighten、(C) の emit を消去できるでしょう。しかし、block と近い (D) の cut を選択する可能性があるでしょう。(A) の alter は「変える」という意味ですが、この選択肢群の中では distort に近い意味となります。

---

13. 9行目の versatile に最も意味が近い語は？

(A) 強力な
(B) 多目的の
(C) 限られた
(D) 弱い

正解 B

解説 versatile は、「多目的に使用できる、多才な」という意味です。第1パラグラフの最終センテンスで "It can observe visible light, near infrared, and near ultraviolet light." と多くの波長の光を捉えることが分かります。このことを versatile と言っていると推測できます。(B) の multipurpose が正解です。(C) の limited が反意語です。

14. 12〜13行目で筆者は "That fact is extremely fortunate ..." と言っていますが、それはなぜですか。

(A) ハッブルの製造コストは20億ドルを超えた。
(B) ハッブルには重大な欠陥があった。
(C) ハッブルは宇宙に打ち上げられた。
(D) ハッブルは宇宙で修理された。

正解 D

解説 第2パラグラフでは、ハッブル宇宙望遠鏡が宇宙で修理を受けたことについて書いています。(A)も(B)も(C)も事実です。設問の中で「その事実はとっても幸運だった」ということの理由ですから、その事実である第1センテンスを見ればよいのです。"... that can actually be serviced in space by astronauts." と書かれています。修理されたことを書いた選択肢(D)が正解となります。なお、1993年にスペースシャトル・エンデバーの宇宙飛行士が直したそうです。

---

15. 14行目の its は何を指していますか。

(A) ハッブル
(B) 宇宙
(C) その事実
(D) 開発

正解 A

解説 前文の主語が正解となります。含まれるセンテンスの "... above its estimated cost of $400 million, ..." は「その見積もられた費用の」という意味です。費用が発生したのはハッブル宇宙望遠鏡です。

---

16. 19行目の it は何を指していますか。

(A) ハッブル
(B) 委員会
(C) 光学メーカー
(D) 欠陥のある鏡

正解 D

解説 この指示代名詞は難しいです。含まれる文の主語ならば "A commission" ですが、文意から考えると「〜を見つけず、そして、直さずに」となります。この「〜」が it なのです。(A)のハッブル天体望遠鏡そのものなのか、(D)の故障した鏡なのか迷うでしょう。直すのは「不良の鏡」になります。また、より it に近い(D)を選択してください。

---

17. このパッセージから推察されるのは、次のどれですか。

(A) 欠陥のある鏡はNASAが製造した

(B) NASA はタイタニック号を設計した
(C) ハッブルは最初の宇宙望遠鏡だった
(D) 他にも宇宙望遠鏡がある

正解 D

解説 第 1 パラグラフと第 2 パラグラフをもう 1 度スキミングする必要があるでしょう。選択肢を 1 つずつ見ましょう。第 2 パラグラフのかっこ内の文に "... the optical company that produced the defective mirror ..." と書かれています。ですから、(A) の NASA が鏡を作ったというのは間違いです。続くセンテンスでタイタニックについて述べています。しかし、NASA が作ったという記述はありません。タイタニックは氷山と衝突し沈没した豪華客船です。「お金がかかって、すぐに駄目になった」というたとえで使われているのです。そのため、(B) は誤りです。(C) については第 1 パラグラフの第 3 センテンスに "The Hubble is not the first space telescope, ..." と書かれていますから、誤りだと分かります。同じセンテンスで "... it is one of the largest." から「(宇宙望遠鏡の中で) 一番大きい方」というのが分かります。他にも宇宙望遠鏡があることが示唆されていますから (D) が正解となります。

---

18. このパッセージによれば、この欠陥鏡を修繕したのは誰ですか。
(A) 光学メーカー
(B) NASA の広報チーム
(C) 宇宙飛行士
(D) エドウィン・ハッブル

正解 C

解説 第 2 パラグラフの第 1 センテンスで "... serviced in space by astronauts." と書かれています。宇宙飛行士が修理をしたのです。なお、設問では「直す、修理する」という意味で fix という単語を使っています。覚えてください。

---

19. 27 行目の long-standing に最も意味が近い語は？
(A) 最近の
(B) 興味をそそる
(C) 古い
(D) 難しい

正解 C

解説 long-standing は「ずっと昔からの、積年の」という意味です。反意語として (A) の recent が含まれています。このことに気づけば、(C) が選択できるでしょう。また、long の響きからも「長いこと」すなわち「昔から」というニュアンスを取ってほしいと思います。

20. 次のうちハッブル宇宙望遠鏡がもたらした情報ではないものは？
(A) 宇宙の年齢
(B) 宇宙の拡大が加速している理由
(C) ダークエネルギーの存在
(D) 銀河とブラックホールの関係

正解 B

解説 第3パラグラフでは、ハッブル天体望遠鏡の功績が書かれています。第3センテンスに the age of universe、第5センテンスに dark energy とブラックホールなどのことが書かれています。書かれていないのは (B) の「加速度的に宇宙が拡張されている原因」です。第4センテンスには "..., though the cause is not understood." と書かれています。まだ、原因を特定する情報を提供していないことが示唆されます。

Questions 21–30

　太陽なしには、地上の生命は存在することができません。というのは、太陽は地球の熱と光の源なのです。太陽が人間の身体に及ぼす効果は、多種多様です。日光に含まれる紫外線放射は、人体において、7-デビドロコレステリンを、効率の良いカルシウムの吸収に不可欠なビタミンDに変換することを可能にします。そのため、特定量の日光にさらされることは、くる病、テタニーなどの筋肉疾患を予防するためにきわめて重要です。くる病とテタニーはそれぞれ、ビタミンDとカルシウムの不足によって起こります。

　しかしながら、過度の紫外線にさらされると、最終的に、身体に害を及ぼすことのないシミから、時として致命的なものとなる皮膚ガンまで、多数の疾患を引き起こすこともあり得ます。直射日光に当たることが、皮膚ガンの主要な原因であることは確実です。90％に当たる皮膚ガンが、手の裏、顔や首などの通常日光から防御されていない部分の皮膚に主として発生します。皮膚ガンの危険性は、水ぶくれに苦しむような日焼けをどれだけ経験してきたかということとも確実に関係があります。

　程度こそ弱いものの、過度の紫外線にさらされることで皮膚を痛めるその他の病気として皮膚炎や皮膚の炎症があります。これは比較的害の少ないものですが、患者はかなりの不快さを感じ、太陽の下で過度の時間を過ごすとしばしば起こるものです。紫外線によって、そばかすと呼ばれる小さな、丸い、茶色の斑点が、皮膚にできることもあります。これらの

そばかすには、人間の皮膚の色素メラニンが過剰に含まれているのですが、危険なものであるとは考えられていません。

　日光の紫外線によって悪い影響を受けるのは、皮膚だけとは限りません。米国では、過度に日光にさらされることが、視力喪失の主要原因である AMD（加齢黄斑変性）にも関係しているとされています。これは不治の失明で、この病気にかかると、光のパターンを受け取り、それを脳へと伝達する目の部分である網膜が冒されてしまいます。患者は、字を読んだり、細かいディテールを見たりする能力が失われる症状に苦しみます。そのため、AMD の予防に役立つのではないかということで、サングラスの着用が推奨されてきました。

21. このパッセージのメインテーマは、次のどれですか。
(A) 地球上の生命
(B) 人体に対する太陽のプラスの影響
(C) 人体に対する太陽のマイナスの影響
(D) 太陽から放出される紫外線の種類

正解 C

解説　第 1 パラグラフでは rickets（くる病）などを防止するとして良い効果のみを述べていますが、第 2 パラグラフ以降は皮膚ガンや失明などのことが書かれています。太陽の「紫外線などによる」身体への悪影響を述べた選択肢 (C) が最適です。

22. 6 行目の vital に最も意味が近い語は？
(A) 十分な
(B) 暗示的な
(C) 決定的な
(D) 活動的な

正解 C

解説　含まれるセンテンスの "... which is vital for efficient calcium absorption." から「カルシウムの効率的な吸収に〜だと」という文意を読み取ってください。消去法を使いましょう。(B) の suggestive（暗示的な）は、efficient（効率的な）という語に比べても弱すぎます。(D) の energetic（活動的な）では、文意が取れません。(A) と (C) が残ります。crucial（決定的な、重大な）を選択できる力をつけましょう。単語の難易度は高くないので必ず覚えてください。

23. このパッセージによれば、筋強直性けいれんは何によって引き起こされますか。
(A) 日光を浴びること
(B) くる病
(C) ビタミン D 不足
(D) カルシウム不足

正解 D

解説 第1パラグラフの最終センテンスでは "..., diseases that are caused by a lack of vitamin D and calcium respectively." と書かれています。respectively（おのおの）から tetany はカルシウムの欠乏から生じることが分かります。なお、tetany は「筋強直性けいれん」という症状です。

24. 13行目の innocuous に最も意味が近い語は？
(A) 攻撃的な
(B) 悪影響を及ぼす
(C) 無害の
(D) 不快な

正解 C

解説 innocuous（無害の）は難易度の高い単語です。含まれるセンテンスの "... from ... to the often fatal ..." から「～から、しばしば死に至らしめる」ということで、「何か弱いもの」を指していると推測できます。そして、harmless（無害の）が選択できます。

25. 14行目の irrefutably に最も意味が近い語は？
(A) 一時的に
(B) 典型的に
(C) 通常
(D) 決定的に

正解 D

解説 refute（論駁する、論破する）という語を知っていれば、反意語として「反論できないほどに」と推測しましょう。(D) の conclusively（決定的に、断固として）が選択できるでしょう。

26. 17行目の unprotected に最も意味が近い語は？
(A) 孤立している
(B) さらされている
(C) 日陰になった
(D) 制限された

正解 B

解説 unprotected（無防備な）の文意上の最適な類義は (B) の exposed（さらされている）です。protect（保護）されて「いない」状況から判断しましょう。

27. このパッセージによると、シミと紫外線はどういう関係にありますか。
(A) 紫外線がシミを生じさせる。
(B) 紫外線がシミを浮き上がらせる。
(C) シミが紫外線を引き付ける。
(D) 関係はない。

正解 A

解説 第 3 パラグラフの第 3 センテンスに "Ultraviolet light also gives rise to ..." と書かれています。give rise to は「～を生じさせる、～の原因となる」という意味です。(A) が正解です。また、選択肢の (B) は freckle（そばかす、しみ）を「浮き上がらせる」という文意になり不適です。

28. このパッセージによると、AMD について正しいことを言っているのは、次のどれですか。
(A) AMD は紫外線によって引き起こされることは間違いない。
(B) AMD は治療不可能である。
(C) AMD はまれな疾患である。
(D) AMD の予防は簡単である。

正解 B

解説 第 4 パラグラフの第 2 センテンスで "This is an incurable loss of sight, ..." から「不治の視力消失（失明）」ということが分かります。(A) については "... has also been linked to AMD ..."（また関連づけられている）と第 1 センテンスに書かれています。そのため、選択肢の definitely（明確に）という語が強すぎ不適切です。なお、現在は AMD（加齢黄斑変性）に対する iPS 治療が行われようとしています。

29. 網膜について最も適切に説明しているのは、次のどれですか。
(A) 脳の一部である。
(B) 受容器官である。
(C) 伝送器官である。
(D) 受容器官であるとともに伝送器官である。

正解 D

解説 第 4 パラグラフの第 2 センテンスで "..., in which the part of the eye ..., retina, ..." から目の一部だと分かります。実際は「網膜」のことですが、この説明として "... that receives light patterns and transmits them to the brain, ..." という受信

し、送るという 2 つの機能が書かれています。そのため、(D) の選択肢が正しくなります。

30. このパッセージにおいて、太陽に過剰にさらされた場合に起き得る結果について述べられていないのは、次のどれですか。

(A) くる病
(B) 皮膚がん
(C) 皮膚炎
(D) 弱視

正解 A

解説 第 1 パラグラフの最終センテンスで "Thus a certain amount of exposure …" から「ある程度の日を浴びないといけない」ことが分かりますが、(A) の「くる病」は日を浴びないことによって生じるわけです。(A) は誤りです。他の病気は、日にさらされすぎることにより生じます。

Questions 31–40

　ラッコは海洋哺乳類の中でも変わり種です。体温を保つための皮下脂肪がありません。その代わり、非常に密生した水を通さない毛皮を持っています。水を通さないために徹底的に毛皮を清潔にしておかなければなりません。そのためラッコは毛づくろいにたっぷり時間をかけます。餌を食べているとき、よく水の中で回転しますが、これは食べかすを洗い落とすためのようです。ラッコは休憩するときや餌を食べるときにあおむけになって浮かんでいます。こうすることで、4 本脚を全部水から出して体温を保つことができますし、暑い日には後ろ脚を冷やすために水につけておくこともできます。

　イタチ科の動物であるラッコは陸上を歩くことができます。しかし、ほとんどは海の中で過ごします。耳と鼻孔を閉じて 5 分間息を止めることができますが、海の底にまで潜って餌を取る時間はせいぜい 1 分程度です。後ろ足は扁平で泳ぐときの推進力を得るための完全な水かきになっています。前足には出し入れできる爪があり手のひらの堅い肉球が滑りやすい餌をしっかり捕まえます。

　海洋哺乳類の中で、魚を歯ではなく前足で捕まえたり、餌を探して石を持ち上げたりひっくり返したりするのはラッコだけです。ラッコは昆布から巻き貝を引きはがしたり、二枚貝を探して海底の泥を掘るのに前足を使い

ます。小さなイガイならば殻ごとかみ砕いたり飲み込んだりできるし、大きいイガイの殻は前足を使ってねじって開けてしまいます。また、食べ物を引きちぎって口に運ぶために前足を使います。ラッコは道具を使う数少ない哺乳類の1つです。石を使って貝や二枚貝の殻を割ったり、アワビを岩からはがすために石でこつこつたたいたりすることもあります。わき腹のポケット状になったたるみに、ラッコは石を入れておいたり、取った餌をそこに入れて浮上してくることもあります。

31. このパッセージは主に何について述べていますか。
 (A) ラッコの特異性
 (B) 道具を使う動物
 (C) 海生脊椎動物
 (D) ラッコの潜水技術

正解 A

解説 ラッコの特徴や習性を述べていますから、(A) が正解となります。(D) は第2パラグラフに述べられていますが、それも (A) に含まれます。なお、(C) の vertebrate は「脊椎動物」という意味です。TOEFLでは重要単語になります。

32. 著者はなぜ1行目で、ラッコは unusual と言っているのですか。
 (A) 主に海洋で生活している
 (B) 厚い脂肪組織層を持っていない
 (C) あおむけに浮かぶことができる
 (D) 清潔を好む

正解 B

解説 第1センテンスで unusual と言っているのは第2センテンスにある "It doesn't have a layer of blubber ..."（脂肪の層を持っていない）という理由だからです。海洋生物は脂身を多くすることにより、ヒートロスを少なくします。ラッコはその代わりに毛皮を持っているのです。選択肢 (B) では blubber を a thick layer of fat tissues（厚い脂肪組織の層）と言い換えています。

33. 3行目の it は何を指していますか。
 (A) ラッコ
 (B) 皮下脂肪
 (C) 毛皮
 (D) 清潔

正解 C

解説 含まれるセンテンスを見ましょう。"Keeping it waterproof requires extreme cleanliness, ..." は「それを防水にするには、非常な清潔を必要とする」という意味です。前文では "Instead, it has very dense waterproof fur." と書かれています。「非常に密度の濃い防水の毛皮」なのです。それを清潔にする必要があるのです。(C) が正解になりますが、前文の it が指す (A) のラッコと間違える可能性があります。難易度がある程度高い問題と言えるでしょう。

34. 12行目の hold its breath に最も意味が近い語句は？
 (A) 静かにしている
 (B) 息を止める
 (C) 息を吐き出す
 (D) 息を吸い込む

正解 B

解説 hold one's breath は「息を止める」という意味です。(B) が正解となります。なお、(C) の exhale (息を吐き出す) と (D) の inhale (息を吸い込む) も覚えましょう。

35. 16行目の retractable に最も意味が近い語は？
 (A) 長い
 (B) 短い
 (C) 強い
 (D) 伸縮自在の

正解 D

解説 retractable は「引っ込められる」という意味です。猫の爪のように引っ込めることができるのです。正解の (D) の telescopic は「望遠鏡の」という意味の他に「伸縮自在の」という意味があります。難易度が高い単語です。(A) あるいは (C) と間違える可能性が高いでしょう。

36. 18行目の marine に最も意味が近い語は？
 (A) 川に住む
 (B) 大洋の
 (C) 海軍の
 (D) 地上の

正解 B

解説 marine は「海の、海に住む」という意味です。(B) の oceanic は「大洋の」の意味で同義語です。(C) の naval は「海軍の」として marine と同義語になり得ますが、本文では同義ではありません。

37. 第3パラグラフによれば、ラッコはどのように餌を取りますか。
(A) 通常歯を使って魚を捕まえる。
(B) 通常餌を探すために歯を使って石をひっくり返す。
(C) 通常餌を探すのに前足を使う。
(D) 通常二枚貝を探すのに後ろ足を使う。

正解 C

解説 第3パラグラフの第1センテンスに "The sea otter ... catches fish with its forepaws rather than with its teeth ..." と書かれています。歯で捕まえる代わりに前足（手のひら）で餌を捕まえます。同じセンテンスで岩を転がして獲物を捕まえると書かれていますが、with its forepaws ですから、前足で捕まえます。次に、このセンテンスを少し分解しましょう。the only mammal ① that catches fish with its forepaws and ② that picks up and turns over rocks with its forepaws になります。第2センテンスには "It uses its forepaws ... to dig into underwater mud for clams." と書かれていますから、これも前足です。(C) が正解です。

---

38. このパッセージによると、ラッコはどのように「道具を使い」(26〜27行目) ますか。
(A) 昆布を切るため
(B) 貝殻を砕くため
(C) 歯を鋭くするため
(D) 餌を引きちぎるため

正解 B

解説 第3パラグラフの第6センテンスに "It may use a rock to break open shellfish or clams ..." と（小さな）岩を使って、貝を開けることが書かれています。(B) が正解となります。(A) に関しては、同じパラグラフの第2センテンスに "It uses its forepaws to pluck snails from kelp ..." と書かれていますから、ケルプ（コンブなど）についた巻き貝を前足で取るので、誤りです。同様に第4センテンスに "It also uses its forepaws to tear food apart ..." と書かれていて、前足で食べ物を裂くことが分かりますから、(D) も誤りです。(C) は書かれていません。

---

39. ラッコは「たるんだ袋」(28〜29行目) をどのように使いますか。
(A) 餌を入れるため
(B) 子供を入れておくため
(C) 重りとして石を入れておくため
(D) 滑りやすい餌を捕まえておくのに使うため

正解 A

解説 含まれるセンテンスには "In a loose pouch of skin ..., it may carry a rock ..., and it puts food there ..." と書かれています。(A) の食料を蓄えるが正しいです。

40. 次のうち、ラッコについて当てはまらないものはどれですか。
(A) 泳ぎが上手である。
(B) 前足が強力である。
(C) 通常陸上で暮らしている。
(D) 後ろ足は泳ぐために使われる。

正解 C

解説 第2パラグラフの第1センテンスに "A member of the weasel family, ... but spends most of its time in the ocean." と書かれていますから、(C) は誤りです。(B) に関しては第3パラグラフの第3センテンスに "While it can chew ..., it uses its forepaws to twist apart the shells of larger mussels." と書かれていますから、大きな貝を前足でこじ開けるような強い力を持っていることが推測できます。(D) に関しては第2パラグラフの第3センテンスに "Its hind feet are ... webbed to give propulsion in swimming, ..." と書かれていますから、泳ぐために使われることが分かります。(A) については、パッセージ全体を通して、良い泳ぎ手であることが分かります。

Questions 41–50

　カモノハシはオーストラリアだけに生息する水陸性哺乳類で、「カモとビーバーとカワウソの不思議なミックス」と呼ばれてきた非常にユニークな動物です。くちばしを持っている点でカモに似ていますが、尻尾はビーバー、その体つきと毛皮はカワウソのようです。さらに、メスのカモノハシは卵を産むという珍しい哺乳類の1つですが、子供には肌にある腺から出る乳を与えて育てます。子供は毛の上に集まったミルクをなめます。オスのカモノハシは、毒を持っているという珍しい哺乳類です。その後ろ脚にはかかと部分に毒を出す鋭い蹴爪があります。この毒は犬ぐらいの大きさの動物なら殺せるほどで、人間でも動けなくなるほどです。カモノハシを初めて研究した科学者は、最初それは本物の動物ではなく巧妙に作られた模造品だと思いました。

　カモノハシは泳ぎが得意です。毎日自重の20パーセントぐらいの量を食べなければならないのでほとんどの時間を食べて過ごしています。カモノハシは川の底をあさって餌を取る動物で、水に潜り、昆虫、幼虫、ミミズや貝をくちばしでかき集めます。

カモノハシは小さな流れや川に沿って作った巣穴に生息しています。オスとメスは自分自身の巣を作ります。交尾した後、メスは20メートルの長さの巣穴を掘り、そのところどころに栓をします。たぶん天敵や水の侵入を防いだりするためでしょう。あるいは、巣の中の気温や湿気を調整するためかもしれません。

　　メスは巣穴を封鎖し、革のような感触をした爬虫類の卵に似た卵を1～3個産み、孵化のためにそれを包むように体を丸めます。生まれた子供はコインほどで、毛が生えてなく、目が見えず完全に無防備の状態です。6週間で毛が生え、目も開き、短時間水中で泳ぐため巣を出ることもあります。

41. このパッセージは主に何について述べていますか。
(A) ある種の動物の特異な行動
(B) ある種の動物の防御テクニック
(C) 水生動物の比較
(D) ある種の動物の餌を取る習性

正解 A

解説 platypus は日本では「カモノハシ」と呼ばれています。パッセージは、その行動を中心に述べています。第1パラグラフには (B) の「防御法」として後ろ脚に針があることが書かれています。第2パラグラフでは、餌取りの手法、第3パラグラフでは、巣穴、第4パラグラフでは、子育てが書かれています。(A) が全体を指しているので適切でしょう。なお、(C) に関しては、他の水生動物のことが書かれていませんので選択できません。

42. 3行目の unlikely に最も意味が近い語は？
(A) すばらしい
(B) 驚くべき
(C) 信用できる
(D) ありそうもない

正解 D

解説 unlikely は「ありそうもない」ことです。カモノハシはクチバシがあったり、水性の哺乳類のようだったり、卵生だったりします。そのことが第1パラグラフに書かれています。improbable は「ありそうもない、本当らしくない」と同義語になります。この単語が分からないと (B) の amazing を選択する可能性があります。(C) の credible は、反意語になります。

43. 10行目の venomous に最も意味が近い語は？
(A) 無害な
(B) 残酷な
(C) 有毒の
(D) 邪悪な

正解 **C**

解説　venomous は「有毒な」です。続くセンテンスで "Its hind feet ... that deliver a poison which can kill ..." と毒の説明をしているのです。(C) の toxic は覚えましょう。(A) の harmless は反意語です。

---

44. 第1パラグラフによれば、次のどれがカモノハシについて正しいですか。
(A) 鳥である。
(B) カワウソである。
(C) ビーバーである。
(D) 哺乳類である。

正解 **D**

解説　第1パラグラフの第1センテンスに "The platypus, a semiaquatic mammal ..." と書いてあります。半水性の哺乳類です。

---

45. このパッセージによると、科学者がカモノハシを「巧妙に作られた模造品」(14行目)と思った理由は？
(A) 科学者は先住民が作った動物の剥製を観察した。
(B) その動物は科学者の想像を超えていた。
(C) 科学者は想像上の動物を作りたかった。
(D) 科学者はその動物をじっくり観察できなかった。

正解 **B**

解説　初期の学者たちがなぜ "an elaborate fake"(よくできた模造)と言ったか、という設問です。あり得ない哺乳類だったのです。選択肢の (B) にあるように "beyond their imagination"(想像の域を超えていた)だったからです。なお、(A) の stuffed animal(動物の剥製)を覚えてください。stuff は「詰め物をする」という意味です。

---

46. 15行目の skillful に最も意味が近い語は？
(A) へたくそな
(B) 熟達した
(C) 重要でない
(D) 適性のない

正解 B

解説 含まれるセンテンスの "The platypus is a skillful swimmer." というのは「すばらしい泳ぎ手だ」という意味です。(B) の adept は「熟達した」という意味で、重要単語です。(A) の poor、(C) の marginal、(D) の inept は、いずれも反意語になります。

47. 24行目の regulate に最も意味が近い語は？
(A) 調節する
(B) 限定する
(C) 解放する
(D) 変化する

正解 A

解説 regulate は「規制する」などさまざまな意味がありますが、ここでは「調節する」です。temperature（温度）や humidity（湿気、湿度）を調節するのです。(A) の adjust が同義語です。(C) の liberate は「解放する」ですから、このセンテンスには合いません。

48. 30行目の helpless に最も意味が近い語は？
(A) 健康的な
(B) 小さい
(C) 無防備な
(D) 自活できる

正解 C

解説 生まれたての子供（the young）がどのような状況なのか、を想像してください。helpless は「無力な、助けのない」という意味です。(C) の defenseless が同義になります。(D) の self-supporting は反意語になります。

49. このパッセージによれば、次のどれがカモノハシについて正しいですか。
(A) 子供を乳で育てる。
(B) 通常陸の動物を捕食する。
(C) 敵を攻撃するためにくちばしを使う。
(D) その卵を巣の中に放置する。

正解 A

解説 第1パラグラフの第4センテンスに "The young laps up the milk ..." と書いてあります。哺乳類として乳を飲みます。第6センテンスには "Its hind feet have ... which can kill an animal size of a dog ..." と書かれています。犬ほどの大きさの動物を殺すことができる毒を持っています。しかし、第2パラグラフの第3センテンスに "It is a bottom feeder, ... insects, larvae, warms, and shellfish in its bill." と書

かれていて、常食はこれらの水性の昆虫などですから、(B) は誤りです。(C) もまた、同じ箇所で in its bill（クチバシですくって）食べることが分かりますから誤りです。第 4 パラグラフには、子育てが書かれています。第 1 センテンスに "The female ... curls around them to incubate them." と卵を身体で包み、かえすことが分かります。そのため、(D) の「卵を放置する」は、間違いです。

50. パッセージによれば、次のうち、カモノハシについて正しくないのはどれですか。
(A) 泳ぐことができる。
(B) 少ししか餌を食べない。
(C) トンネルの中に住む。
(D) 卵を産む。

正解 B

解説 第 2 パラグラフに食べる量が書かれています。第 2 センテンスに "It needs to eat about 20 percent of its own weight in food ..." と書かれています。体重の 20 パーセントですから、少ない量ではありません。(B) が誤りです。

Test 3

■ Questions 1–10

　ヘビ恐怖症はヘビに対する恐れを意味します。猿の赤ん坊がヘビの姿を恐れるのと同様に、人類にとってはその恐れの存在を見いだすのはたやすい。ヘビには何も好ましいものはない。そしてヘビという言葉自体が「恥ずべきもの」でしょう。

　しかし、それどころかヘンリー・グリーン教授は彼の『ヘビ：本質的な神秘の進化』（カリフォルニア大学）の著書において異論を述べています。バークレー脊椎動物博物館館長であるグリーンは、これら「爬虫類」に対する生物学的審美的興味をもたらすヘビの習性研究を用い、ヘビの地位向上を求めるある種の修正論を述べています。

　ヘビの優れた適応力により、ヘビは極地以外のすべての環境に生息することを可能にしています。砂漠やジャングル、河川や海は約2700種のヘビの生息地です。これらの種はすべて、恐竜の栄えた9000万年前の時代に生息していた「足なしトカゲ」から進化したものです。ヘビはその大きさが鉛筆の長さの「アフリカ糸ヘビ」から、人を食べることも可能な6メートルに及ぶアナコンダやパイソンに至ります。グリーンは、敵の前では死んだふりをして敵を侮るようなある種のヘビの生存技術を述べています。

　グリーンは最もすばらしいヘビの性質はその超鋭敏な嗅覚と触覚にあると述べています。ヘビは外耳を持ちませんが、舌にある嗅覚感知器官により獲物、敵、そしてつがいの相手を感知します。フォーク状の舌の両端にある化学的感知器官はヘビが弱視にもかかわらず立体的な視野と同等のものをもたらします。

　グリーンは、多くの人々を殺したという理由で忌まわしいものと考えることに対して毒蛇をあからさまに擁護します。毒蛇の致死的な毒により毎年2万人もの人々がかまれて死亡します。これらのヘビの攻撃は事故的なものであり、より良い靴や解毒剤により犠牲者が減ってきていると、彼は述べています。他のかまれる理由は、挑発的行動や不注意な取り扱いによるものです。すべての状況下で、ヘビは人間に対する固有の恐怖感を乗り越えなければならなくなります。なぜならグリーンが指摘するには「ヘビは恐怖を感じたときのみかみつく」からです。

Test 3

1. このパッセージのメインテーマは、次のどれですか。
(A) ヘビには推奨したくなるようなものは何もない。
(B) ヘビは適応力があり、鋭い感覚を持っている。
(C) ヘビはすばらしい動物であり、人はもっとヘビに関心を持つべきだ。
(D) 人は毒ヘビにかまれないように注意を払うようになってきた。

正解 C

解説 第1パラグラフでは、ヘビに関する悪いイメージが述べられています。しかし、第2パラグラフからはヘビの特性に焦点が絞られます。そして、グリーン教授の言葉として第2パラグラフの第2センテンスには研究をすべき、と述べられています。(C) が最適です。(A) に関しては、第1パラグラフで述べられていますが、全体の内容ではありません。(B) は第2、第3パラグラフに述べられていますが、やはり全体の内容ではありません。(D) は、第4パラグラフに述べられていますが、やはり全体の内容ではありません。

---

2. 16行目の extant に最も意味が近い語は？
(A) 生存する
(B) 離れている
(C) 絶滅した
(D) 入手できる

正解 A

解説 extant は「現存の」という意味で難易度が高い単語です。含まれるセンテンスは "These are all descended from nearly legless lizards that were extant 90 million years ago …" と恐竜時代にいた足のないトカゲから進化したことを述べています。(A) の alive が正解です。(B) の distant は、文意を取れません。(C) の extinct は反意語になります。

---

3. このパッセージによると、ヘンリー・グリーンのヘビについての本は何を目的にしていますか。
(A) 毒ヘビを擁護すること
(B) ヘビの生存術を説明すること
(C) ヘビの生態を生物学的興味から研究すること
(D) ヘビは研究する価値があることを示すことにより、ヘビをより高い地位へと見直すこと

正解 D

解説 メイントピックを聞く問題と重なりますが、第2パラグラフの第2センテンスに書かれている "…, Greene presents a sort of revisionism, …"（グリーン教授はある種の修正論を唱えた）を言い換えた (D) が正解となります。

4. 著者によれば、ヘビが生存できないというのは、次のどのような状態の場所か。
(A) 非常に寒い
(B) 非常に湿っている
(C) 非常に乾燥している
(D) 非常に温かい

正解 A

解説 第 3 パラグラフの第 1 センテンスに "Superb adaptability allows snakes ... except the polar zones." と書かれています。極地には住めない、つまり、寒いと駄目だということです。爬虫類ですから、体温コントロールができないのです。

---

5. 「立体視野」(28行目) に対応するヘビの器官とは、次のどれですか。
(A) 外耳
(B) 化学センサー
(C) 視覚
(D) 鋭い触覚

正解 B

解説 含まれる第 4 パラグラフの第 3 センテンスに "The chemical sensors ... give snakes, ... the equivalent of stereoscopic vision." と書かれています。(B) の化学センサーが stereoscopic vision (立体視野) を可能にしているのです。

---

6. ヘビはどのようにして敵と餌を見分けるのですか。
(A) 相手をだまして死んだふりをすることで
(B) 相手の出す音を聴き、観察することで
(C) 毒で相手を攻撃することで
(D) 舌を使って相手の匂いを嗅ぐことで

正解 D

解説 第 4 パラグラフの第 2 センテンスに "..., but compensate with odor-detectors in their tongues that distinguish prey, enemies and mates." と書かれています。odor-detector は「匂いセンサー」です。舌にあるセンサーで感知できます。(D) が正解です。

---

7. 32行目の lethal に最も意味が近い語は?
(A) 毒の
(B) 有害な
(C) いまわしい
(D) 致死の

正解 D

解説 lethal は「致死の」という意味です。venom（毒）がキーワードになります。「〜の毒」の「〜」を探しましょう。(A) と (B) は共に同義なので、消去可能です。(D) の fatal は「致死の」で正解となります。

8. このパッセージによると、「より良い靴」(33行目) ができるのは、次のどれですか。
(A) ヘビにかまれて死ぬ人の数を減らす
(B) 抗毒血清として使われる
(C) ヘビの数を減らす
(D) ヘビにかまれる事故を引き起こす

正解 A

解説 footgear は靴などの「履き物」です。含まれる文に "These attacks ... and better footgear ... are cutting the toll." と書かれています。toll というのは犠牲者のことです。ちゃんとした靴を履けば犠牲者が減る、という意味です。toll の意味が分かれば (A) を選択できます。

9. 38行目の perceive に最も意味が近い語は？
(A) 認識する
(B) 避ける
(C) 無視する
(D) 引き起こす

正解 A

解説 perceive は「知覚する、気づく」という意味です。正解 (A) の recognize は「認識する」です。この問題を正解する語彙力は持っていてほしいです。

10. 第5パラグラフによれば、ヘビが人間をかむのは？
(A) 偶然にだけ
(B) 非常に興奮させられたときだけ
(C) 偶然に、挑発されたとき、扱いを間違ったとき
(D) 挑発や慎重な取り扱いに反応して偶然に

正解 C

解説 (D) は明らかに careful handling（慎重な扱い）が入っているので誤りです。(A) は第 4 センテンスの内容を入れていません。(B) は第 4 センテンスの一部の内容しか入っていません。agitate は「煽動する」という意味ですが、第 4 センテンスの provocation（挑発）と近い意味になります。(C) がすべての条件を含むので正解です。

Questions 11–20

　アメリカでは「ビタミン剤信奉者」が国中を熱狂させるとともに、ビタミンやミネラルの売り上げが記録的な伸びを示しています。ビタミンを摂取することは万能薬としての効果に期待するものです。すなわちガンや心臓病の予防、快活さとより少ないストレス、より高い運動能力そして、精力とより高い免疫性をもたらす長寿への期待です。しかしながら、これらのビタミンやミネラルの成分物質が有益であるか、または実際には有害であるか、単に効力のないものであるかについては確固たる証拠がありません。

　この証拠がないことについての１つの理由には、食品医薬品局がビタミンやミネラルを「食餌補塡物」として市場で販売される前に効力や安全性に対する調査を必要としないものとして扱っていることです。そのために、ビタミン剤の瓶には内容物に関する詳細なラベル表示が欠けています。さらにはビタミンやミネラルに関する明白な首尾一貫したデータを見いだすのに困難なことが問題となります。栄養の専門家による長期の研究もなく、政府の規準も混乱しています。最終的な問題としては、ビタミンやミネラルの必要摂取量は、年齢、性別、そしてどのような成長段階かに依存し、さらには、これらの補塡物質が健康な食生活を送っている人々にとって必要なものかどうかに関する一致した意見がないことも問題となります。

　ビタミンやミネラルは軽い病気を防ぐことには役に立っています。しかし、ガンや骨格の軟化である骨粗鬆症のようなより重い病気を防ぐということを示すデータは何もありません。しかしながら、若い女性や老齢者があまりに少ないビタミンの摂取をしているため、より多量のビタミンの投薬により恩恵をこうむるのは確かなことです。

　より悪いことには、１万758人のアメリカ人に関する13年間にわたる調査によれば、ビタミンやミネラル剤の摂取者は非摂取者に比べてより長生きをし、より少ないガンによる死亡率をもたらすということがありません。1993年ではさらに、アトランタ州にある連邦政府の疾病対策予防センターは、その研究チームの一つが「米国におけるビタミンとミネラル補塡剤の使用者において長寿の傾向が見られる何らの証拠も見いだせな

かった」と報告をしました。喫煙者やすでに病気に陥っている人々、栄養不良や高齢者、そして妊婦のようにより多くのビタミンを必要とされる人たちでさえも、実際にそれらを服用することによる肯定的な結果はほとんど示されません。

11. このパッセージにとってベストのテーマは、次のどれですか。
(A) ビタミンとその効能
(B) ビタミン摂取の危険性
(C) ビタミンはどのように病気を防ぐか
(D) 実効性のないビタミン

正解 D

解説 ビタミン剤などのサプリメントに対して批判的な内容を書いている文章です。第1パラグラフでは、サプリメントは効力がない、と一般論を述べています。第2パラグラフでは、サプリメントの表示や基準があいまいなことを述べています。第3パラグラフでは、ガンなどには効果がないだろうことを述べています。第4パラグラフでは、長生きに結びつかないことを述べています。しかし、サプリメントの危険性は述べていないので、(B) は消去できます。(D) が最適です。サプリメントを取っている私には残念な内容です。

12. 5行目の enhanced に最も意味が近い語は？
(A) よりはっきりした
(B) より単純な
(C) より大きな
(D) より安全な

正解 C

解説 enhanced は「（より）高められた」という意味です。選択肢が比較的簡単です。(C) を簡単に選択できる力を養ってほしいです。

13. 6行目の evidence に最も意味が近い語は？
(A) 症状
(B) 証拠
(C) 結果
(D) 影響

正解 B

解説 evidence は「証拠」です。正解 (B) の proof も「証拠」です。(A) の symptom と (D) の influence を覚えてください。

14. 第 2 パラグラフによれば、ビタミン剤の瓶のラベルは？
   (A) ビタミンについての誤った情報を与えている
   (B) ビタミンについて多くの情報を含んでいる
   (C) ビタミンについて重要な情報を与えている
   (D) ほとんどまたは全くビタミンについてのデータを含んでいない

正解 D

解説 第 2 センテンスに "..., the labels on vitamin bottles lack germane information ..." と書かれています。germane は「適切な」という意味です。また、動詞として lack（欠如する）を使っていますから、「何か良いものがない」のだな、と推測してください。(D) の「ほとんどあるいは、全くデータがない」が正解となります。

---

15. 第 2 パラグラフによれば、「政府基準」の問題点というのは何のことですか。
   (A)「政府基準」は非常に理解しやすい。
   (B)「政府基準」はまとまりがない。
   (C)「政府基準」はまだ出来上がっていない。
   (D)「政府基準」は実用的である。

正解 B

解説 第 4 センテンスに "There are few long-term studies ... and government standards are in disarray." と書かれています。disarray は「混乱、乱雑」という意味です。政府基準に統一性がないのです。(B) の not well organized（まとまりがない）が正解になります。

---

16. 19行目の consensus に最も意味が近い語は？
   (A) 合意
   (B) 論争
   (C) 喧嘩
   (D) 信念

正解 A

解説 consensus は「統一した意見、合意」として日本語にもなっています。正解の (A) の unanimity は「合意」という意味です。unanimously（満場一致で）はよく使われる単語です。(B) の dispute と (C) の quarrel は反意語になります。

---

17. 22行目の ones が指しているのは？
   (A) ビタミン
   (B) ミネラル
   (C) 病気
   (D) 骨

正解 C

解説 含まれるセンテンスでは "Vitamins and minerals help prevent minor diseases, ..." と書かれています。この minor diseases（軽い病気）に対応するのが major ones（重いもの）です。(C) の diseases（病気）が正解となります。

18. 30行目の furthermore に最も意味が近い語は？
(A) いくぶん
(B) しかしながら
(C) 他方で
(D) 加えて

正解 D

解説 furthermore は「さらには、それにもまして」という意味です。第4パラグラフの第1センテンスに「付け加えて〜だ」、というのが第2センテンスの役割です。(D) の in addition は「加えて」という意味です。

19. もっとビタミンを必要としていると思われるのは、次のどの人々ですか。
(A) 老人と病人
(B) 喫煙者と健康な人々
(C) 妊婦と若い人々
(D) 若い男女

正解 A

解説 第4パラグラフの第3センテンスに "Even people who seem to need more vitamins—smokers and those already ill, ... elderly ..." と書かれています。サプリメントを取った方がよいと思われる人たちの組み合わせとして (A) の「お年寄りと病気の人」が正しいことが分かります。

20. このパッセージから推察されるのは、健康的な食事を取っている人々に必要なのは？
(A) ビタミンとミネラルの両方を摂取すること
(B) ビタミンをもっと多く、ミネラルをもっと少なく摂取すること
(C) ミネラルをもっと多く、ビタミンをもっと少なく摂取すること
(D) ビタミンもミネラルも取る必要はないということ

正解 D

解説 このパッセージ全体で、「元気な人は不要」のようなトーンです。そのため (D) を選んだ、という方も多いでしょう。それでも構いません。第2パラグラフの第5センテンスに "Finally, vitamin and mineral needs ... and there is simply no consensus as to whether these supplements are valuable for people with healthy diet." と書かれていますから、よい食事を取っている人たちは「不要だ」という論調です。(D) が正解です。

Questions 21–30

　比較的新しく、そして恐らく驚くほどの成功を収めている医学分野といえば、ダンス療法でしょう。ダンス療法は、精神療法としてダンスと運動を用い、身体的、情緒的な障害、認識に関する障害、社会的障害を病んでいる患者を治療します。この運動療法の実践者は、病院、クリニック、老人ホーム、精神衛生センター、能力開発センター、特殊学校、矯正施設、リハビリ施設など、さまざまな施設で医療を施します。世話をする人々は多岐にわたり、老人病患者、妊娠および出産予定の女性、子供、重罪犯人、麻薬使用者、障害者の人々が挙げられます。

　ダンスは、特殊な目的のために特殊な動きを使用するもの、として定義されます。それは歩行などの普通の動きとは反対に位置付けられるものです。従来、こういった特殊な動きは、主に娯楽、肉体的な喜び、崇拝、コミュニケーションに、その目的を限られていました。ダンスと音楽を常に病気の治癒に関連付けてきた文化はいくつかあり、たとえば、ギリシャのニンフは音楽とダンスに優れ、彼女らがすばらしい治癒力を持つのは、その音楽とダンスのせいだろうとされていましたが、懐疑的な西洋の医療関係者がその効能を認識し始めたのは、ほんの最近になってからのことです。

　ダンス療法がきわめて高い成功を収めている分野の1つとして、心理学が挙げられます。この分野でダンス療法は、うつ病、不安、ストレスなどの症状、内気、極度の内向性などの社会的障害、一定範囲の躁病を軽減するのに使われています。ダンス療法はすでに確立されて、この分野における治療法の1つとして高い認知を得ていますが、最近では他の医療分野でも治療法として有効であると真剣に検討され始めています。小児科学、産科学、老人科学などが、そういった分野に当たります。

21. 3行目の treat はどの語と置き換えることができますか。
(A) 含む
(B) 議論する
(C) 求める
(D) 治療する

正解 D

解説 treat は「治療する」という意味で使われています。難易度の低い単語の (A)、(B)、(C) を消去してください。(D) の minister to (治療する) が正解です。

---

22. 第1パラグラフによれば、ダンス療法の対象者として挙げられていないのは、次の誰ですか。

(A) 老人
(B) 不妊の女性
(C) 妊婦
(D) 犯罪者

正解 B

解説 第1パラグラフの最終行に書かれています。難語として geriatric (老人病患者) が含まれていますので、注意が必要でしょう。正解 (B) の infertile women は、書かれていません。

---

23. 9行目の They が指しているのは？

(A) 運動療法の療法士
(B) 公共機関
(C) 病院
(D) メンタルヘルス・センター

正解 A

解説 前文の主語である practitioners (療法士) が解答となります。文法的にも解きやすいでしょう。ただし、前文が長いために戸惑うかもしれませんが、落ち着いて解きましょう。

---

24. 筆者はなぜ第2パラグラフでギリシャのニンフに言及しているのですか。

(A) ダンスがどのように娯楽のために利用されているかを説明するため
(B) ダンスや音楽には体を動かす喜びが含まれていることを説明するため
(C) ダンスが宗教に利用されている一例を示すため
(D) ダンスと治療を結び付ける文化の一例を示すため

正解 D

解説 第2パラグラフの第3センテンスに " ... and great powers of healing were attributed to them, ..." と書かれています。病気の治療に当たっていたことが分かります。

---

25. 22行目の skeptical に最も意味が近い語は？

(A) 確信して

(B) 懐疑的な
(C) だまされやすい
(D) 信じて疑わない

正解 B

解説 正解 (B) の cynical は「皮肉な、懐疑的な」という意味です。skeptical と「懐疑的な」という語義で同義となります。skeptical が分かっていれば、(A) の convinced や (D) の trusting は反意語となり消去できるでしょう。

---

26. 23行目の their が指しているのは？
(A) いくつかの文化
(B) ダンスと音楽
(C) 病人
(D) ギリシャのニンフ

正解 B

解説 effectiveness（効果）がキーワードとなります。何の効果かを考えれば、(B) の dance and music が解答となります。

---

27. 25行目の alleviate に最も意味が近い語は？
(A) 強化する
(B) 止める
(C) 数える
(D) 軽減する

正解 D

解説 症状を和らげるという意味で (D) の relieve を選択しましょう。alleviate が分からない場合には「症状をどうするのだ？」と考えてください。緩和、抑える、しかないと思います。(A) の strengthen や (C) の count は、消去できます。しかし、(B) の stop を選択する可能性があるでしょう。

---

28. このパッセージによれば、心理学者がダンス療法をどう思っているか、最もよく言い表しているのは、次のどれですか。
(A) 心理学者は、ダンス療法について懐疑的である。
(B) 心理学者は、ダンス療法は処方された治療方針の補助としてのみ有効と考えている。
(C) 心理学者は、グループコミュニケーションを支援するためにだけ使えたらと思っている。
(D) 心理学者は、ダンス療法の効能に確信を抱いている。

正解 D

解説 第3パラグラフの第2センテンスで "Dance therapy is already well established …"（ダンス療法はすでに確立されている）と書かれていますので、psychologists（心理学者たち）は、有効であることを認識していると述べた (D) が最適となります。

29. 著者はパッセージのどこで、古代においてダンスがどのように治療目的に使われたかを述べているのでしょうか。

　　(A) 2行目から5行目まで
　　(B) 9行目から12行目まで
　　(C) 15行目から18行目まで
　　(D) 18行目から23行目まで

正解　D

解説 (D) ではギリシャ時代における音楽の効用を述べていますので、ここが正解となります。設問の in ancient times（古代において）を見逃さないようにしてください。

30. 筆者が続くパッセージで論じると思われるのは、次のうちどのテーマだと思いますか。

　　(A) 音楽のような芸術に基づく療法の別の分野
　　(B) 社交ダンスの心理効果
　　(C) さまざまな医療分野でのダンス療法の応用
　　(D) さまざまな文化で病人を治療するためにどのようにダンスが利用されているか

正解　C

解説 最終センテンスで pediatrics（小児科）、obstetrics（産科）、geriatrics（老人病学）にも応用されることが書かれています。その流れに続くものとして (C) の医学における応用を選択すべきです。なお、(A) の音楽療法に変わるとは思えません。第2パラグラフでは、(D) のように古代ギリシャについて述べられていますが、もう1度、別の文化圏での話に戻るのもおかしいでしょう。(B) の可能性は残りますが、最終センテンスの流れからは (C) しか選択できません。

■ **Questions 31–40**

　　インターネットは、国防総省から指定された要求に応じて、核攻撃の対処手段のために、コンピューターネットワーク上での通信を確保することを目的として作られたものです。誕生してからすぐに、インターネットは大学や政府の研究者のメッセージや情報交換のツールとして用いられるよう

になりました。しかし、政府が民間の企業にネットの開発を委ねたのは、1994年になってからのことです。

　このチャンスに対する世間の反応は、非常に素早いものでした。機を見るに敏な企業家は、インターネットの持つ稀有な成長性に着目して、この新しいテクノロジーを商業的に扱うことのできる方法を考案し始めます。事実、Eコマースなどは、すぐに成功を収めました。最初、Eコマースのサイトは1から多数へという形を取り、1つの売り手が多数の買い手に対して商品やサービスを提供し、固定価格システムを特徴としていました。最近は、多数から多数へという形を取るサイトが急増したこともあって、サイトが伝統的なオークションの機能を果たすようになり、そこでは、価格は固定的なものではなく、売り手と買い手の希望によって変動するようになっています。

　どちらのシナリオをたどるにしても、これらのサイトは価格体系に影響を及ぼし、昔ながらの小売業者や納入業者は、従来のビジネスのやり方を変えざるを得ないでしょう。前者のシナリオでは、中間業者が省かれるため、消費者価格が下がると同時に、生産者は高い販売価格を維持することができます。取引する上での地理的障害もなくなります。少なくとも理論的に、消費者は世界中で一番安い価格を探り当てることができるので、市場経済を完全な形で機能させるのに必須な、市場に精通した消費者が生まれます。

　Eコマースに対する多数から多数へというアプローチは、前者のアプローチよりももっと理想的なマーケットを作り出します。そこでは、売り手が最も高い価格で購入してくれる買い手を、買い手は最も安い価格の売り手を世界的に探すことができるのですから。場所は、ここでも問題とはなりません。シアトルのおしゃれなデリカテッセンでコーヒーを購入していた買い手が、同じコーヒーをほんのわずかのコストで直接コロンビアの生産者から手に入れる方法をオンライン上で見つけるかもしれません。

31. 次のうち、このパッセージのタイトルとして最も適切なものはどれですか。
　(A) Eコマースとグローバルな価格決定構造
　(B) インターネットの歴史
　(C) インターネットの活用
　(D) 価格固定化の手段としてのインターネット

正解 A

解説 全体を読んでから解答すべきです。(B) も (C) も書かれている内容は間違いではありません。また、情報技術革新が物流に及ぼした影響を第2パラグラフ以降で述べています。特に第4パラグラフでは、具体的にコーヒーを例にして価格の決定メカニズムに触れています。(D) は「価格の固定化」としてインターネットを捉えているのではありませんから、選択できません。

32. パッセージによると1994年以前のインターネットは？
(A) E-コマースを効率的に運用できた
(B) 政府によってのみ活用された
(C) 商用目的に使用されなかった
(D) メッセージを送ることができなかった

正解 C

解説 第1パラグラフの最終センテンスで "… the government took the step of handing the development of the Net over to private companies." と書いていることから、それまでは「民間商業目的では使われなかった」と考えるべきです。直接 (C) を選択しましょう。なお、(B) に関しては、第2センテンスに "… through which academic and government researchers …" と書かれていることから、大学などの研究機関でも使用されていたことが分かります。

33. 3行目のItは、何を指していますか。
(A) インターネット
(B) 必要性
(C) 国防総省
(D) コンピューターネットワーク

正解 A

解説 前文の主語を受けています。解答方法は、「It というものが tool（道具）となった」のですから、tool になり得るものは選択肢の中では The Internet と (D) の computer networks です。ここでは、computer networks をつなげるものをインターネットと捉えています。

34. 9行目の virtually に最も意味の近い語は？
(A) 明らかに
(B) 商業的に
(C) 実際上
(D) うまくいけば、多分

正解 C

解説 virtually は「実際に」という意味です。選択肢の中では (C) の practically が同義になります。(A) の apparently は「明らかに、見たところでは」などの意味があります。間違いやすいですが同義ではありません。

35. 10行目の Astute はどの語と置き換えることができますか。
(A) 経験のある
(B) 豊かな
(C) 成功する
(D) 知覚力の鋭い、洞察力の優れた

正解 D

解説 astute は「明敏な、機知に富んだ」という意味です。重要単語として覚えてください。entrepreneur（起業家）の意味が分かっても、選択肢すべてが文意に入り込んでしまいます。こういう問題が怖い問題と言えます。文脈から推測できない問題では、語彙力の差で得点が決まってしまいます。

36. 次のうち、21行目の「2つのシナリオ」が指しているのはどれですか。
(A) 購入者と販売者
(B) 1人対大勢と大勢対大勢の取引
(C) 生産物とサービス
(D) 伝統的小売業者と供給者

正解 B

解説 読解力を試す良い設問だと思います。第2パラグラフで定義はされているのですが、scenario とは書かれていません。第3パラグラフの第2センテンスで "The former, ..."、さらには、第4パラグラフでは "The many-to-many approach ..." と述べています。読解力の高い方は解けるでしょう。時間がかかりそうだと思った場合には、後で解答しても構いません。

37. 28行目の source に最も意味の近い語は？
(A) 始める
(B) 知らせる
(C) 見つける
(D) 支払う

正解 C

解説 source は、「情報などの出典を明らかにする」という意味で動詞として用いられています。比較的出題しやすい単語ですので覚えてください。含まれるセンテンスに "This, ... allows consumers to source the lowest price worldwide, ..." と書かれています。「消費者が最も低い価格を〜する」と言えば「探す」という推測ができます。

Test 3

38. 次のうち、どれが E コマースで減少させることができると述べていないでしょう？
(A) 交易における地理的障害
(B) 伝統的な小売りアウトレット
(C) 取引コスト
(D) 中間業者の必要性

正解 B

解説 消去法で 1 つ 1 つ消しましょう。(B) に関しては、第 3 パラグラフで "Both scenarios ... and may force traditional retailers and suppliers to change the way they do business." と小売業者や納入業者が商売する方法の変革の可能性を示唆していますが、その数を減らすとは書かれていません。気をつけてください。これが解答となります。

---

39. 37～38 行目で、著者はなぜ「シアトルのおしゃれなデリカテッセン」について述べたのでしょうか。
(A) 価格を低くすべきと指摘するため
(B) E コマースにおいては価格だけが関心事であることを指摘するため
(C) コロンビアのコーヒー農園を遠距離で経営することができると示唆するため
(D) インターネットを通して供給者を探すことの優位性を示唆するため

正解 D

解説 含まれるセンテンスの "... the buyer ... in a fashionable Seattle delicatessen may find the same coffee ... from the producer in Columbia." の文意は「離れている場所から、インターネットを使ってコロンビアの同じコーヒーを生産者から入手できる」ということです。インターネットの優位性を述べた (D) が正解となります。

---

40. 次の記述のうち、著者はいずれに最も賛同すると思いますか。
(A) インターネットは完全なる市場経済を作り出す。
(B) すべての E コマースのサイトは利益が出る。
(C) 消費者は E コマースを用いて情報に基づく選択をすることができる。
(D) 伝統的な小売業者は E コマースの小売業者と競争できない。

正解 C

解説 すべての選択肢がある意味で正しいように見えます。第 4 パラグラフがキーです。具体的なコーヒーの例示を示すことによって、e-commerce の可能性を示しているのです。次に、消去法で答えを見つけましょう。(B) は書かれていません。(D) は第 3 パラグラフで、その経営方法を見直す必要がある、と述べていますが、競争できないとまでは言っていません。(A) に関しては、第 3 パラグラフの第 4 センテンスで "This, in theory at least, ... thus creating ... to the perfect operation of a market economy." と述べています。"in theory at least（理論上は）" という注釈付きですか

ら、完全ではない、と著者は考えています。

■ Questions 41–50

　1928年にブロンクスで生まれたアメリカの映画監督スタンリー・キューブリックは、ホラー、空想科学映画、歴史ドラマなど、多くのジャンルの映画を監督してきましたが、彼が作品の中で繰り返し取り上げた大きなテーマの1つは戦争でした。他の映画制作者が相も変わらず戦争を華々しい、ヒーローじみた出来事のように表現しているのに対し、キューブリックは戦争のざらつくような現実を、映画作品を通して表現しました。

　カーク・ダグラスが第一次大戦中の高潔な大尉を演じた1957年の映画『突撃』は、反戦色の強い作品で、最終的に3人のフランス兵士がそれぞれの将軍によって無益に処刑されてしまうというものです。この映画は1959年の批評グランプリを獲得し、総計で900万の軍隊が死亡してしまう結果となった、第一次世界大戦の悲惨な戦争戦略を強調した作品でした。

　キューブリックの1964年の力作『博士の異常な愛情または私は如何にして心配するのを止めて水爆を愛するようになったか』は暗いユーモアに満ちた映画で、冷戦時の疑惑、特に米国とソビエト連邦間の軍備競争を描いています。ここで主役のジャック・D・リッパー将軍は狂人であり、軍の管轄地域の目をくぐって、ロシアに向けて取り返しのつかない一方的な核爆弾を発射します。彼は共産主義がアメリカ人の体液に毒を盛るに違いないと固く信じており、これはアメリカが持っていた非常にリアルな反共パラノイアをコミック調に表現しています。この映画には、アメリカ大統領を演じたピーター・セラーが大真面目に口にする有名なセリフ、「諸君、君たちはここで言い争うことはできない。ここは戦闘室だ」があります。

　『フルメタル・ジャケット』（1987）で、キューブリックは、ベトナム戦争に焦点を当てました。この映画は、基礎訓練からベトナムでの従軍まで、1つの海兵隊のグループがどういった運命をたどったかを描いた作品です。彼らが人間として兵士として、戦争の持つさまざまな恐ろしさに対し、どのように立ち向かっていくかをシリアスに描いています。

41. 5行目の it が指しているのは？
(A) 歴史ドラマ
(B) 彼の作品
(C) 戦争
(D) ざらつくような現実

正解 C

解説　含まれるセンテンスと前文の "..., although one of the major recurring themes in his work was war. While other filmmakers were still depicting it ..." から、他の監督たちも描く一般的なテーマと考えられます。そして、(B) と (D) を消去できます。"a glorious, heroic institution" として捉えたものは (C) の「戦争」になります。

42. 9行目の vehemently に最も意味が近い語は？
(A) 我慢できなくて
(B) 強烈に
(C) 用心して
(D) なんとなく

正解 B

解説　vehemently は「熱烈に、猛烈に」という意味です。難易度の高い選択肢群です。この語が分かれば、より難易度の低いと思われる (B) の forcefully（力強く、強烈に）を選択できるでしょう。4つの選択肢とも重要単語ですから、この問題で覚えましょう。

43. キューブリック映画の公開を時系列に沿って並べているのは、次のどれですか。
(A)『フルメタル・ジャケット』、『博士の異常な愛情』、『突撃』
(B)『博士の異常な愛情』、『突撃』、『フルメタル・ジャケット』
(C)『フルメタル・ジャケット』、『突撃』、『博士の異常な愛情』
(D)『突撃』、『博士の異常な愛情』、『フルメタル・ジャケット』

正解 D

解説　この設問は簡単です。パッセージ全体が時系列通りになっていますし、年代もはっきり書かれています。時系列の問題は、一見難しそうに見えますが得点源となりますので落とさないようにしてください。第2パラグラフに1957年の『突撃』、第3パラグラフに1964年の『博士の…』、第4パラグラフに1987の『フルメタル・ジャケット』と時系列に書かれています。

44. このパッセージによれば、第一次世界大戦について正しいのは、次のどれですか。
(A) 900万人の兵士が死んだ。
(B) 900万人のフランス兵が死んだ。

(C) 900万人のフランス国民が死んだ。
(D) 900万人の連合国軍兵士が死んだ。

正解 **A**

解説　第2パラグラフの最終センテンスに "... that led to the total fatality count of almost 9 million troops." と書かれています。死亡したのは troops、すなわち兵隊です。ですから、(C) の市民は消去できます。また、出身国は書かれていないですし、total fatality としていますから、全体の死者と考えてください。なお、(D) の "Allied soldiers" は、「連合軍の兵士」という意味になります。

45. 18行目の suspicion に最も意味が近い語は？
(A) 強い信念
(B) 懐疑
(C) 名誉
(D) ユーモア

正解 **B**

解説　suspicion は「疑念、不信感」という意味です。これが分かれば、(A) (C) (D) は消去できるでしょう。分からない場合には消去法が使えず、正解に近づきません。

46. 23行目の uncompromising に最も意味が近い語は？
(A) 明白な
(B) 実現不可能な
(C) 断定的な
(D) 偏った

正解 **C**

解説　uncompromising（譲歩できない、断固とした）は、おおよその意味が分かると思います。compromise（妥協する）の反意語です。(C) の categorical（絶対的な）は、難易度が高い語だと思います。この意味が分からない場合には (A) の undeniable（明白な、否定できない）を選択するでしょう。

47. 『博士の異常な愛情』のあらすじを述べているセンテンスを第3パラグラフの中から選んでください
(A) 16行目から19行目まで
(B) 19行目から22行目まで
(C) 22行目から25行目まで
(D) 25行目から29行目まで

正解 **B**

解説　設問では、plot すなわち筋書きが書かれているセンテンスを聞いています。筋

書きは第 2 センテンスに書かれています。落ち着いて答えましょう。

48. 次のコメントのうち、どれが一番著者の考えと一致すると考えられますか。
(A) 戦争は無意味である。
(B) 戦争は英雄的である。
(C) 戦争は面白い。
(D) 戦争は必要である。

正解 A

解説 虚しい戦争をブラック・ユーモアに満ちて描いた点にキューブリック監督の特徴が見られます。文章全体の方向性から pointless（無意味）を選択すべきです。特に第 2 パラグラフの第 1 センテンスに "The 1957 film ... was vehemently antiwar ..." と書かれています。反戦の立場でした。だから、無意味なのです。

49. 著者はなぜ、第 3 パラグラフの最後で映画のセリフを引用しているのですか。
(A) 映画がいかに効果的かを説明するため
(B) 映画の中の反戦感情の一例を示すため
(C) 映画の中の喜劇性の一例を示すため
(D) 映画がいかに傑作であるかを説明するため

正解 C

解説 直前のセンテンスの "... a comic representation ..." のフレーズが生きてきます。comedy とは言い難いかもしれませんが、消去法から (C) しか選択できません。核兵器のボタンを押すだけの部屋での言い争いの状況をコミカルに描いているのです。

50. このパッセージによると、スタンリー・キューブリックについて正しいことを言っているものは、次のどれですか。
(A) 彼はシリアスな表現のためにコメディーを利用するのが常だ。
(B) 彼は現実の出来事をドラマ化するためにホラーをしばしば利用する。
(C) 彼は戦争をドラマ化するためにブラックコメディーを使った。
(D) 彼は主にコメディ映画の監督である。

正解 C

解説 第 4 パラグラフから、戦争の恐ろしさをシリアスに描いていることが分かります。ですから (A) の always uses comedy は言いすぎと考えられます。(B) の可能性はありますが、第 3 パラグラフから often uses horror も言いすぎであることが分かると思います。客観的に見て black comedy を使ったと考えるべきでしょう。しかし、難問です。

Questions 1–10

　他のファッションと同じく、帽子のスタイルや使用目的は時代とともに変わってきました。形の前傾しているギリシャの「ペタソス」は、世界で一番古い帽子として知られており、もともと雨風から頭を保護するスタイルで着用されていました。しかし、その後ローマの奴隷が解放されたときに彼らに贈られたことから、円錐形のかぶり物は自由のシンボルになります。後に、キャップはフランスやアメリカの革命家のイコンとして取り入れられることになりました。ヨーロッパの中世の男性は、毛織のフードや布地のキャップなど、さまざまなタイプのもので頭を覆い、女性たちは一般に、その当時はやっていたボンネットを着用しました。それでステータス、階級、または職業を表すこともあったのです。

　ルネッサンスには新しいファッションが生まれ、帽子も例外ではありませんでした。男性に特に人気があったのは、柔らかく平らなチュードル・ボンネットです。一方、ルネッサンスの女性には、外出着用に羽やブローチで飾った手の込んだスタイルが人気でしたが、屋内の着用には、最小のレースやリネンが付いているキャップが好まれました。この時期、一部の宗教団体では、清教徒が質素な硬いつばのついた帽子をかぶり、クエーカー教徒がユニークで柔らかな山の低い帽子を着用していました。

　19世紀になると、帽子のスタイルは急増します。というのも恐らく、機能的なアクセサリーというよりも地位を示すものとして帽子が使われることが多かったからでしょう。2つのサイドがたたみ込まれた広いつばの黒のバイコーネは、かぶる者が社会的に高い地位に就いていることを示し、ストーブの煙突のような王冠の付いた堅苦しい帽子は、19世紀後半には紳士階級を表すものとなりました。この時代、他に人気があったスタイルは、シティウェア用の山高帽、サマーウェア用のかんかん帽などです。男性労働者は、上流階級の人間がレジャーやスポーツの際に着用するような、柔らかな生地のキャップをかぶる傾向にありました。

　20世紀、男性の帽子スタイルは基本的に変わっていませんが、婦人帽子は大きく変化しました。デザインは常に変化を続けていましたが、1950年代になって、帽子の着用は急に下火になります。そして、結婚式、

葬式、競馬など、特に社会的な集まりにおいて再度帽子がファッションとなった1970年代まで、帽子に対する一般の関心は再燃しませんでした。

1. このパッセージのメインテーマは次のどれですか。
(A) 中世の帽子ファッション
(B) ルネッサンス期の帽子ファッション
(C) ギリシャのファッション
(D) 帽子の歴史

正解 **D**

解説　第1パラグラフのギリシャ時代のペタソスから、第4パラグラフの1970年代までの風潮が書かれていることを考えると「帽子の歴史的変遷」と考えるのが妥当だと思います。(D) を直接選択しましょう。

2. 6行目の emancipation に最も意味が近い語は？
(A) 解放
(B) 抑圧
(C) 発見
(D) 監禁

正解 **A**

解説　emancipation は米国史の中でも「奴隷解放」としてリンカーン大統領によりもたらされました。TOEFL の重要単語です。(A) の freeing は「解放」という意味で同義です。含まれるセンテンスに "... as it was presented to Roman slaves upon their emancipation." と書かれています。「〜のときに贈られる」のです。そのため、emancipation は悪い意味ではないことが分かります。(B) の suppression や (D) の captivity を消去できるまで語彙力増強に努めてください。

3. 「ペタソス」について正しくないのは次のどれですか。
(A) 前に傾いている。
(B) ギリシャ語である。
(C) 軍事用の頭を保護するかぶり物である。
(D) 円錐形をしている。

正解 **C**

解説　第1パラグラフの第2センテンスに書かれている forward slanting（前に傾いた）は、(A) の前に傾く、と同義になります。他の選択肢は、直接記述されているため消去法で解ける可能性が高くなります。なお、a form of protection from the elements は、「風雨などから守るもの」という意味です。(C) の軍事目的のカブトではありません。

4. 第1パラグラフで使われている hat という語は次のどれかの語によっては置き換えることができません。それはどれでしょうか。

(A) 頭飾り
(B) キャップ
(C) イコン
(D) 頭を覆うもの

正解 C

解説 設問の意味は「hat に置き換えられる以外のものは?」という意味ですから、文意を間違えないようにしてください。イコンはある種の「シンボル」のような意味合いで用いられています。他の選択肢は、hat に関係します。

5. 10行目の their が指しているのは?
(A) ヨーロッパ中世の男性
(B) 頭を覆ういろいろなもの
(C) 毛織のフード
(D) 布地のキャップ

正解 A

解説 womenfolk は集合的に「女性たち」という意味です。ここでは明らかに「中世の」女性たちを指しています。また、センテンスの主語と一致しています。

6. 20行目の plain に最も意味が近い語は?
(A) 小さい
(B) 大きい
(C) 簡素な
(D) 明るい

正解 C

解説 plain は「飾り気のない、質素な」という意味です。正解 (C) の unadorned (飾りのない) については adorn (飾る) という単語を思いついてほしいです。そうすれば、その反意語として unadorned が plain と同義だと分かるでしょう。

7. このパッセージの内容によれば、帽子の歴史的変遷の順番として正しいのは次のどれですか。

(A) チュードル・ボンネット、ペタソス、黒のバイコーネ
(B) チュードル・ボンネット、黒のバイコーネ、ペタソス
(C) ペタソス、黒のバイコーネ、チュードル・ボンネット
(D) ペタソス、チュードル・ボンネット、黒のバイコーネ

正解 D

解説 この問題は「落ち着いてパッセージをスキミング」すれば、必ず解けます。第1パラグラフにペタソス、第2パラグラフにチュードル・ボンネット、第3パラグラフにバイコーネが述べられています。

---

8. 清教徒の帽子についてこのパッセージで言われていることで正しいのは次のどれですか。

(A) 固いつばがあり飾りが多い。
(B) 固いつばがあり質素なもの。
(C) 柔らかいつばがあり質素なもの。
(D) 山の低い質素なもの。

正解 B

解説 第2パラグラフの最終センテンスに書かれている "the plain, stiff-brimmed hat of the Puritans" を言い換えた選択肢を探すのです。選択肢では、plain（質素）は basic、stiff（硬い）は hard に置き換わっています。

---

9. 22行目の proliferation に最も意味が近い語は？
(A) 過剰
(B) 洗練
(C) 結合
(D) 豊富さ

正解 D

解説 proliferation は「多産、拡散」などの意味を持ちます。(A) と (D) とを迷うところですが、(D) には「豊富さ」というポジティブな意味合いが強いです。一方、excess には「過剰」というネガティブな意味合いの方が強いでしょう。

---

10. 第3パラグラフによると、柔らかな布地のキャップをかぶったのは次のどの人々ですか。

(A) 下層階級の男女
(B) 労働者階級と紳士階級
(C) 労働者階級のみ
(D) スポーツマンと労働者階級のみ

正解 B

解説 第3パラグラフの最終センテンスには "... soft cloth caps of the kind worn for leisure and sports by the men of the higher classes." と書かれています。紳士階級（gentry）がレジャーやスポーツをするときにかぶっていたものを労働者階級が好んだわけです。なお、スポーツマンを入れた選択肢の (D) は引っかけです。

Questions 11–20

　アナサジは、現在のニューメキシコ、コロラド、アリゾナ、ユタが接する地域のフォー・コーナーズ地方に住んでいた、有史以前のネイティブアメリカンを指す言葉として用いられます。アナサジには、いくつかのグループがありました。その中でも、多くの注目と研究対象の的となっているのがチャコ・アナサジで、この名前はニューメキシコの北西にあるチャコ峡谷の名から取って付けられました。その峡谷こそがチャコ・アナサジが洗練された文化を育んできたところであり、そこで成された考古学上の発見は、科学者の頭を悩ませるものでした。

　第1に、チャコ・アナサジによって建設された、長い直線の道路の目的がいまひとつはっきりしません。多くの学者は、これらの道路は物と人を輸送するために使われたのだろうと考えていますが、それでは、複数の道路が交差する複雑な地形を説明することはできません。道路は切り立った岩肌や山を頻繁に上がっていき、危険で肉体的にも厳しいほどの表面を乗り越えています。この観点から考えると、道路が輸送のために使われたという理論はほとんど成り立ちそうもないので、上記の理論を退けてしまう研究者もいます。これらの道路は実際のところ、シパプへ行き来するための霊的な通路ではないかという説もあります。他の世界へと通じるこれらの入り口、湖や山、そして人の手で作られた構成物の形がとられました。

　その他、研究者を悩ませている問題は、アナサジはどのようにして、なぜ消滅したか、あるいは、本当に消滅してしまったのか、ということです。アナサジはある日突然消滅してしまったと広く信じられていますが、このことについて、多くの専門家はかなり激しい議論を戦わせています。アナサジの直系の子孫であるプエブロ族の存在を指摘し、彼らを生き証人として、この考え方を誤りであるとする専門家もいます。しかし、彼らが少なくとも1回は大規模な移住を行い、人口が減ってしまったという点については、議論の余地はありません。文化遺物によって、突然の大変動や放棄があったことは明確に示されますが、なぜこのようなことが起こったかということに関しての十分な証拠はありません。自らが招いた環境破壊によって消滅したという考え方をとる理論もありますが、これは現在のネイティブアメリカンのイメージとは明らかに対照的なものです。

11. このパッセージのテーマとして最もふさわしいと思われるのは次のどれですか。
(A) アナサジの生活様式
(B) アナサジ・ロード
(C) アナサジの謎
(D) アナサジの文明

正解 C

解説 ネイティブアメリカンの部族で、チャコ・アナサジの研究がテーマの文章です。第2パラグラフでは、部族の作った道路の謎。第3パラグラフでは、部族の盛衰の謎。すべて部族に関する謎が述べられています。(C) のアナサジのミステリーが最適です。

---

12. 10行目の stumped に最も意味が近い語は？
(A) 熟知した
(B) 困惑した
(C) 驚かされた
(D) ものが言えない

正解 B

解説 stump は名詞では「切り株」、動詞では「悩ませる、閉口させる、困らせる」という意味です。(B) の puzzled は「困惑した」という意味で同義になります。(A) の well-informed は反意語です。(C) が正しいならば、(D) も正しいことになりますから、この2つを消去する力を養ってください。

---

13. チャコ・アナサジの社会はどこを拠点にしていましたか。
(A) ニューメキシコ
(B) コロラド
(C) アリゾナ
(D) ユタ

正解 A

解説 第1パラグラフの第2センテンスに "…, named after Chaco Canyon in northwest New Mexico." と書かれています。ボーナス問題ですから、間違えないようにしましょう。

---

14. 17行目の grueling に最も意味が近い語は？
(A) 退屈な
(B) 骨の折れる
(C) 危険な
(D) 容易な

正解 B

解説 grueling は「厳しい」という意味です。含まれるセンテンスには "... hazardous and physically grueling surface ..." と書かれています。hazardous（危険な）が分かれば、「大変な」に関係する意味だろう、と推測できると思います。正解は (B) の arduous です。(C) は hazardous と同義になります。若干難易度の高い (A) の単語が分かれば、正解を選択する可能性が高くなります。

---

15. このパッセージによると、sipapus（21行目）とは何ですか。
(A) 道路
(B) 霊的な回廊
(C) 別の世界への入り口
(D) 湖とか山などの地理的な特徴

正解 C

解説 含まれるセンテンスは "... the roads are actually spiritual corridors leading to and from sipapus." と書かれています。sipapus へ行ったり来たりする corridor（廊下）という意味です。そのため、(A) と (B) は消去できます。続くセンテンスで "These gateways to other worlds can take ..." と書かれています。他の世界と続く These gateways（入り口）が sipapus なのです。文中では、(D) は入り口の形をとるものですが、入り口とはっきり書かれた (C) が最適です。

---

16. 24行目の belief に最も意味が近い語は？
(A) 誤った考え
(B) 概念
(C) 説明
(D) 想像

正解 B

解説 belief は「信念、信じていること」という意味です。正解 (B) の notion は「概念、考え」という意味です。(A) の fallacy は反意語となります。(D) の imagination は「想像」で、異なります。消去が難しいのが (C) の explanation でしょう。しかし、「考え方」と「説明」は異なります。(B) が最適です。

---

17. 29行目の they が指しているのは？
(A) 新たな不可解な疑問の数々
(B) アナサジ族
(C) 多くの専門家
(D) プエブロ族

正解 B

解説 含まれるセンテンスは "... they underwent at least one massive migration and decline in population." と書かれています。「それらは (彼らは) 大規模な移住と人口の減少を経験した」と書かれていますから「人や民族」でなくてはなりません。(B) あるいは (D) です。しかし、プエブロは現存するアナサジの子孫である、とその前のセンテンスで書かれています。移住と人口の減少を経験したのは (B) のアナサジです。

18. 31行目の scant に最も意味が近い語は？
(A) 乏しい
(B) 広範囲の
(C) もっともらしい
(D) 存在しない

正解 A

解説 含まれるセンテンスでは "The artifacts paint a very clear picture of ... yet offer scant evidence ..." と書かれています。遺跡によると「〜ははっきりしている」しかし、「〜の証拠」という流れです。yet は否定的な文で使われる副詞ですから、scant は「はっきり、明確な」に対比する形容詞であることが分かります。scant は「乏しい、わずかな」という意味です。(B) の extensive は反意語になります。(A) の meager が正解になります。

19. 第3パラグラフによると、アナサジについて正しくないのは次のどれですか。
(A) プエブロ族はアナサジの直系の子孫である。
(B) アナサジは集団的移住を行った。
(C) アナサジは一貫して人口が増え続けた。
(D) アナサジは環境破壊を引き起こしたかもしれない。

正解 C

解説 第3パラグラフでは、アナサジの盛衰について述べられています。第3センテンスにプエブロが直系の子孫であることが書かれていますから (A) は消去できます。第4センテンスに "... they underwent at least one massive migration and decline in population." と書かれています。移動があったので、(B) は消去できます。(C) の選択肢はコンスタントに人口が増えた、という意味ですから、これが間違いです。第6センテンスには "Theories include self-induced environmental destruction, ..." と書かれていますから、環境破壊の問題が起きた可能性を示唆しています。(D) は正しいことになり、消去できます。

20. 著者の意見と最も一致しそうに思われるコメントは次のどれですか。
(A) 先史時代のアナサジの分野は研究が進んでいない。
(B) 先史時代のアナサジの研究はほとんど人々の支持を得ていない。
(C) 先史時代のアナサジの研究はまだまだ推測の域を出ない部分が多い。

(D) 先史時代のアナサジの研究は文献が乏しい。

正解 C

解説 第1パラグラフの第2センテンスに "... with a great deal of attention and research being focused on the Chaco Anasazi ..." と書かれています。アナサジが（世間から）注目され、研究されていることが分かります。そのため、(A) と (B) は消去できます。(D) に関しては、研究されているわけですから、文献になっているでしょう。消去できます。(C) に関しては、メイントピックにもあったように不確定要素が強いため、正解となります。選択肢 (C) で使われている speculative は「推論的な」という意味です。

Questions 21–30

　宗教的儀式はかつてネイティブアメリカンの文化と社会の中にしっかりと根ざしたものでしたし、今でも周囲から孤立したような小地域などでは、まだ受け継がれています。そして、こういった儀式主義と密接に結びついているのが、各文化の言い伝えを物語っていくことで、これには一般的に神話の形がとられています。完全な神話は、通常信者に対して天地創造、世界観、エートス（精神）といった3つの広大な範囲に及ぶ知識を授けます。

　ネイティブアメリカンの文化の中には、宇宙の起源、すなわち創造に関するさまざまな物語があります。同じ種族が1つの出来事を語るのに、複数の神話を有することもあるため、神話というものが、絶対的な事実を語ることを意図したものではなく、世界の他の宗教のように、むしろ宇宙と人類の起源を考える上での方法として説明されていると考えられています。

　ネイティブアメリカンの文化の中で最もよく知られた天地創造の神話は、アースダイバー（地球に飛び込んだ者）の話でしょう。その話によれば、陸地が水に覆われていたときに、ダイバーたちは地上の一部を取り戻すために水中に潜ったというのです。多くの者たちが失敗を繰り返しましたが、ついにヒーローが陸地の一部を携えて戻ってきます。そして、その陸地こそが現在のような地球の地形を形作ったと言われているのです。他の一般的な天地創造の話として、人類がどのように地下の世界から出現したかを物語る神話もあります。地下の世界で人類はあまりにも多くの問題を生み出したので、地上に新たに生活の場を見いだしたというのです。

天地創造の神話がヒーローについての話をしばしば物語るのに対し、いかに人間として振る舞うか、というエートスについて神話が語られるときには、コヨーテやウィナボジョなどの一風変わったトリックスターにしばしば焦点が当てられます。こういった主人公たちの取る行動はネガティブな例と見なされ、しばしば神々を怒らせたり、処女を誘惑したりします。エートスがどういうものか描いてみせるだけでなく、こういったトリックスターは洪水や地震などの世界の混乱を起こす原因と見なされています。オジブワ族の神話によると、ウィナボジョは動物をあまりにたくさん殺してしまったために霊を激怒させ、それゆえに大洪水が起こったとされています。ナバホ族の言い伝えでは、コヨーテがウォーターモンスターの赤ん坊をさらったために、全く同じことが起こったということです。

21. このパッセージはネイティブアメリカンの文化のどの分野に焦点を当てていますか。
(A) 歴史
(B) 儀式
(C) 宗教
(D) 昔からの言い伝え

正解 D

解説　言い伝え (oral traditions) と神話 (mythology) の関係を中心にしたパッセージです。第1パラグラフの第2センテンスで "Inextricably entwined with this ritualism is the recounting of each culture's oral tradition, ..." と述べています。そして以下のパラグラフでは言い伝えに基づく神話を述べていますから (D) が最適でしょう。

22. このパッセージによれば、神話について正しくないのは次のどれですか。
(A) 神話は物語の集合である。
(B) 神話は天地創造を伝えるためにのみ存在する。
(C) 神話は一般的に事実である必要はない。
(D) 神話儀式と結びついている。

正解 B

解説　第1パラグラフの第3センテンスに "A complete mythology ... a cosmogony, a world view and ethos." と書かれています。「天地創造、世界観、エートス」から成り立っているのです。(B) の solely (唯一) が誤りだと分かります。

23. 3行目の inextricably に最も意味が近いのは次のどれですか。
　　(A) 説明不可能なやり方で
　　(B) 追加不可能なやり方で
　　(C) 変更不可能なやり方で
　　(D) 分離不可能なやり方で

正解 D

解説 "inextricably"（密接に）に続く "entwined with"（絡み合う）が分かると解けます。分離できない状態を示しています。そのため (D) が正解になります。消去法が使えないため、難問でしょう。

---

24. 17行目の which が指しているのは？
　　(A) 神話の創造
　　(B) ネイティブアメリカンの文化
　　(C) アースダイバーの話
　　(D) ダイバーたち

正解 C

解説 "according to which" 以下の文意から (C) の内容を指していることが分かります。先行詞が直前にある語句ですので簡単です。これを間違えた方は文法を基礎からやり直してください。

---

25. 第3パラグラフによれば、アースダイバーの物語は聞き手に何を示していますか。
　　(A) 天地創造
　　(B) 世界観
　　(C) エートス
　　(D) 完全な神話

正解 A

解説 第3パラグラフの第3センテンスで書かれている "Another common cosmogony（天地創造）..." が重要です。Another なのですから、その前の "the story of the earth diver" も天地創造であることが分かります。

---

26. 18行目の retrieve に対し、その反対の意味の語は次のどれですか。
　　(A) 救う
　　(B) 悪化させる
　　(C) 破壊する
　　(D) 失う

正解 D

解説 反意語を選ぶ問題です。うっかり考えると (C) の destroy を選択する可能性が

あります。destroy の反意語は create になります。retrieve（取り戻す）の反意語としては選択肢の中では (D) の lose（失う）が最適です。

27. このパッセージにある人類出現神話によれば、人間はなぜ地下の世界を捨てたのですか。

(A) 神によって追い払われた。
(B) 大洪水があった。
(C) 多くの問題を引き起こした。
(D) アースダイバーによって発見され連れてこられた。

正解 C

解説 第3パラグラフの最終センテンスに "... they had created too many problems for themselves and found a new home on the earth's surface." と書かれていますから、(C) の「多くの問題を引き起こした」が正しいです。

28. 27行目の antics はどの語と置き換えることができますか。

(A) いたずら
(B) 信念
(C) 偉業
(D) 祝宴

正解 A

解説 antics（奇妙な態度）は難易度の高い語です。しかし、続くセンテンスでは「神を怒らせた」いたずらなどの仕草が "a negative example" と述べられています。ここから (A) の pranks（悪ふざけ、いたずら）が正答となります。消去法では、(B) の beliefs や (C) の feats は肯定的な行為ですから消去できます。(D) の feasts（祝宴）は、文として成立してしまうため消去しにくいです。

29. トリックスター神話がどのようにエートスを与えているかを述べている文を選んでください。

(A) 25行目から28行目まで
(B) 28行目から30行目まで
(C) 30行目から32行目まで
(D) 33行目から35行目まで

正解 B

解説 2つのキーフレーズがあります。1つは " ... seen as negative examples ..." であり、もう1つは第3センテンスの "As well as outlining an ethos, ..." です。これら2つのフレーズから第2センテンスはネガティブなエートスを示していると考えられるでしょう。

30. このパッセージによると、コヨーテはウォーターモンスターの赤ん坊をさらうことで、何をもたらしましたか。

(A) 地震を引き起こした。
(B) 洪水をもたらした。
(C) 精霊を鎮めた。
(D) ウィナボジョに非常にもたくさんの動物を殺させた 。

正解 **B**

解説 選択肢は (C) を除いて悪い結果をもたらすことが書かれています。あまり迷わずに第 4 パラグラフの第 5 センテンスに書かれている "... Coyote did much the same by ..." から「同様の結果」を生じさせたのです。つまり、前文で示されている洪水を引き起こしたのです。(B) が選択できます。

Questions 31–40

米国における労働組合運動は、19 世紀後半の工業化の高まりと不十分な労働条件に呼応して起こりました。従業員は、1 日に 10 時間近くの重労働をさせられ、賃金は低く、健康と安全に関する規定もほとんどなく、児童労働もあらゆるところで行われていました。これらの要因に加えて、職に関する保証が全くなかったことから、組合が出現しました。

労働騎士団が、そういった熟練および未熟練の組合組織の先駆者で、秘密結社として始まり、その存在期間は短かったです。それは、8 時間労働、平等賃金、鉄道の国有化、児童労働の廃止、および健康と安全規定を主張しました。この組織は 1869 年にユライア・スティーブンスによって設立され、1886 年にはその組合員は 70 万人を超えましたが、同じ年、爆発によってスト中の労働者が 7 人死亡した集会、ヘイマーケットの暴動と関わっているとされてから、1890 年までに組合員数は 10 万人に減り、それ以降この組合は徐々に消えていきました。

その後、いくつかの組合が合併して米国労働総同盟 (AFL) が結成されました。しかし、この組合は、アメリカ労働者総数の 90％に相当する女性労働者と未熟練労働者に組合員資格を与えませんでした。AFL の主張は労働騎士団とほとんど同じで、組合員を制限しているにもかかわらず、1900 年までに組合員数は 50 万人近くになりました。この総同盟の公式交渉方針は集団交渉でしたが、これがうまくいかない場合には、ストライキ形式での実力行使を支持しました。

20世紀初頭には、既成の組合よりももっと対決姿勢の強い組合が生まれました。世界産業労働組合 (IWW) です。この組合員のほとんどは未熟練労働者でしたが、組合員に対する制限というものは全くありませんでした。しかし、組合が闘争的な姿勢を取ったため、支持者は炭鉱労働者や製材労働者などに大幅に限られてしまいます。活動を行った組合員の数も、最大でわずか6万でした。この組織は1913年には消滅してしまいます。

31. このパッセージに最もふさわしいタイトルは次のどれですか。
(A) 19世紀の工業化
(B) 19世紀後半の労働組合
(C) 19世紀の労働条件
(D) 19世紀後半の移民

正解 B

解説 19世紀に米国で起こった労働組合の変遷を述べていることから (B) が選択できます。他の選択肢を消去しなくても比較的楽に選択できるでしょう。

---

32. 著者によれば、19世紀後半の児童労働の状態はどのようなものでしたか。
(A) ほとんど行われていなかった。
(B) 消滅していた。
(C) 減少していた。
(D) 幅広く行われていた。

正解 D

解説 第1パラグラフの第2センテンスに "..., and the use of child labor was omnipresent." と書かれています。omnipresent は「どこにでもある」という意味です。そのため、(D) の widespread（広範囲にある）が正しい選択肢となります。

---

33. 16行目の expanded と意味が最も近いのは？
(A) 急に増大した
(B) 次第に小さくなった
(C) 変化した
(D) 限定した

正解 A

解説 expand は「拡大する」です。surge は「急に増大する」で、同義語となります。(B) の dwindle は反意語です。

34. このパッセージによると、ヘイマーケットの暴動はいつ起こりましたか。
(A) 1869 年
(B) 1885 年
(C) 1886 年
(D) 1890 年

正解 C

解説 第 2 パラグラフの第 3 と第 4 センテンスに "... to over 700,000 in 1886. However, after being linked with the Haymarket Riot of that year ..." と書かれています。1886 年と同じ年に起こったことが分かります。

---

35. このパッセージによれば、労働騎士団は、鉄道は誰が保有すべきであると考えていましたか。
(A) 政府
(B) 熟練労働者と未熟練労働者
(C) 熟練労働者のみ
(D) ユライア・スティーブンス

正解 A

解説 第 2 パラグラフの第 2 センテンスに "..., nationalization of the railroads, ..." と書かれています。nationalization は「国有化」ですから、政府保有が好ましいと考えていました。(A) が正解です。

---

36. 22 行目の amalgamation と意味が最も近いのは？
(A) 合併
(B) 代表
(C) ネットワーク
(D) 部門

正解 A

解説 amalgamation は「結合、合同、併合」という意味です。含まれるセンテンスに "... a later amalgamation of unions ..." と書かれています。いくつかの組合が一緒になったことが分かります。(A) の incorporation は「結合、合併」という意味で同義になります。(B) の representative は「代表」という意味ですが、結合した物ではありません。

---

37. 27 行目の negotiating と意味が最も近いのは？
(A) 宣伝
(B) 始動
(C) 閉鎖

(D) 交渉

正解 D

解説 bargaining power（交渉力）という言葉を覚えてください。(D) が正解となります。(A) の publicity は「広告、宣伝」などの意味です。

---

38. 著者が言わんとしていないのは、次のどれですか。
(A) 労働騎士団は、成功はしたが短命な組織だった。
(B) 労働騎士団には戦闘的な分派があった。
(C) AFL は戦闘的な組織だった。
(D) AFL はエリート集団の組織だった。

正解 C

解説 選択肢を1つずつ見ましょう。(A) に関しては、第2パラグラフの第1センテンスに "... and began its short lifespan ..." と書かれています。短命だったのです。第4センテンスでは、1度増えた組合員が減少したのが分かりますから、(A) は正しいです。(B) に関しては、同じセンテンスで "..., after being linked with the Haymarket Riot of that year, ..." から militant（武闘派的）な要素があったことが推測されます。正しいです。(C) に関しては、第3パラグラフの第3センテンスに "The official negotiating policy ... was collective bargaining ..." と書かれています。第1の交渉手段は collective bargaining（団体交渉）ですから、武闘的とは言えませんので、間違いです。(D) に関しては、第3パラグラフの第1センテンスに "... that disqualified women and unskilled workers, ..." と書かれています。非熟練工を除外したのです。エリートの集団であると言えるでしょう。結果、(C) が誤りです。

---

39. 32行目の mainly と意味が最も近いのは？
(A) 絶対的に
(B) 著しく
(C) 主として
(D) 単に

正解 C

解説 mainly は「主として」という意味です。正解 (C) の predominately は「圧倒的に」という意味の他に「主として」という意味があります。世界産業労働組合は、主に非熟練工が中心の労働組合だったのです。(A) の absolutely は「絶対的に」という意味で、「主として」とは異なります。(B) の significantly は「著しく」という意味です。意味はかなり近いと思いますが、語義的には割合を示す (C) の方がより良いでしょう。なお、(D) の merely は「単に～にすぎない」という意味で、文意が変わってきます。

---

40. このパッセージによると、世界産業労働組合 (IWW) の加入員が少なかったのはなぜですか。

(A) IWWは熟練労働者を排除した。
(B) IWWは未熟練労働者を排除した。
(C) IWWは攻撃的すぎた。
(D) IWWは非合法組織だった。

正解 C

解説 第4パラグラフの第2センテンスに "Its militancy, however, significantly limited its appeal to ..." と書かれています。世界産業労働組合は闘争的だったことが分かります。そのため、メンバーが少なかったのです。正解(C)の aggressive（攻撃的）という語に注目しましょう。

Questions 41–50

　アメリカにおける最初の Women's Rights Convention（女性の権利を獲得するための集会）、セネカ・フォールズ会議は、1848年に開催されました。この集会の主催者であるエリザベス・スタントンは、当時の有名な奴隷制度廃止論者です。集会の結果は、感情宣言として知られるようになり、そのモデルとして独立宣言が採用されました。その中には、広範囲にわたる女性の選挙権などが含まれています。この集会は、著名なアメリカ人の支援をわずかながら勝ち取りましたが、多くの市民は、暴力とあざけりでもって、この新しい運動に反対しました。

　それから数年の間に、アメリカにおける婦人参政権運動は、奴隷制度廃止論者および禁酒主義の団体に完全に併合されました。しかし1869年になると、それらの2つの活動団体は、婦人参政権に対する否定的なイメージを懸念するようになり、自分たちの要求を緩和するようにと、婦人参政権運動に圧力を加え始めます。婦人参政権に関する別々の圧力団体が2つ結成されたのが、ちょうどこの年です。

　全国婦人参政権協会は、連邦レベルで女性の完全なる投票権を獲得するためのキャンペーンを行い、米国婦人参政権協会では、州ごとに婦人参政権を認めさせるための要求を行いました。当然なことですが、後者の団体は、設立されたその年にワイオミング州で女性の完全な参政権を勝ち取り、前者よりはるかな成功を収めました。そのすぐ後には、1870年にユタ州でも同様の勝利を上げます。

　英国の場合と異なり、アメリカの婦人参政権運動は闘争的なものではありませんでした。ただし1872年に起きた有名な事件は別で、この事件

によって婦人参政権の要求に注目が集ることとなります。全国婦人参政権協会の創設者の1人であるスーザン・アンソニーは、憲法修正第15条が女性に適用されるものと判断しました。そこで彼女はニューヨークの投票所に行き、役人を説得して彼女と同行した12人の女性の投票をなんとかやり遂げたのです。数週間後に彼女は逮捕され、審理された上で、100ドルの罰金の支払いを申し渡されました。しかし彼女は支払いを拒否し、裁判官はその事件を取り下げる決定をしました。

女性にすべての投票権を与える憲法修正第19条が1920年に可決される前に、多くの州では、すでに女性に完全な投票権が認められていました。たとえば、ミシガン州では1918年に、カリフォルニア州では1911年に、女性に参政権が認められたのです。

41. このパッセージのメインテーマは次のどれですか。
(A) 女性の権利運動
(B) 奴隷廃止運動
(C) 女性参政権運動
(D) 禁酒運動

正解 C

解説 パッセージ全体の流れは「参政権(suffrage)」です。(A)の「女性の権利運動」は間違いではありませんが、カテゴリーとして大きいです。より、焦点を絞った(C)が最適です。

42. 3行目の prominent に最も意味が近い語は？
(A) 悪名高い
(B) 卓越した
(C) 有能な
(D) 才気のある

正解 B

解説 prominent は「著名な、卓越した」という意味です。語彙力の高い方は(B)の eminent を直接選択できるでしょう。それ以外の方法を考えましょう。(A)の infamous は反意語となります。(C)がOKならば(D)もOKのはずです。ですから、直接(B)を選択できなくとも、他の選択肢を消去することは可能です。

43. 7行目の comprehensive に最も意味が近い語は？
(A) 博識な

(B) 完全な
(C) 理解できる
(D) 限られた

正解 B

解説 comprehensive は「包括的な、広範囲の」という意味です。また、「理解力のある」という意味もあります。選択肢の中の (A) の knowledgeable は「知識のある」、(C) は「理解できる」という意味です。しかし、文意上は「包括的な」という意味になりますから選択できません。(D) の limited（限られた）が反意語として、正解 (B) の complete（完全な）を選択しやすくしています。

---

44. 著者によれば、婦人参政権論者について正しくないことを言っているは次のどれですか。

(A) 婦人参政権論者はあざけられた。
(B) 婦人参政権論者は分断された。
(C) 婦人参政権論者は戦闘的だった。
(D) 婦人参政権論者は成功を収めた。

正解 C

解説 第 4 パラグラフの第 1 センテンスにで "..., unlike its counterpart in Britain, was a non-militant organization ..."（イギリスのものと異なり、非戦闘的だった）と書かれていますので、(C) の「彼らは闘争的だ」が誤りとして直接選択できます。

---

45. 22 行目の the latter が指しているのは？

(A) 全国婦人参政権協会
(B) 完全な投票権
(C) 米国婦人参政権協会
(D) 参政権の付与

正解 C

解説 設問では "the latter"（後者）が何を指しているかを聞いています。「前者と後者」というときは、それぞれ "the former"（前者）と "the latter"（後者）になります。第 3 パラグラフでは、(A) と (C) が順番通りに書かれています。

---

46. 27 行目の counterpart に最も意味が近い語は？

(A) 相対物
(B) 反対者
(C) 支持者
(D) 仲間

正解 A

解説 counterpart は「相対するもの、相対物」という意味です。イギリス「版」参政権運動という意味になります。equivalent には「同等物」の他に「相対物」という意味がありますので、(A) が正解となります。他の選択肢は意味が異なりますが、意味を知らないと答えられない設問です。

---

47. このパッセージの内容によれば、女性に投票権を与えた州を早い順に並べると次のどれになりますか。

(A) ユタ、ワイオミング、ミシガン、カリフォルニア
(B) ユタ、ワイオミング、カリフォルニア、ミシガン
(C) ワイオミング、ユタ、カリフォルニア、ミシガン
(D) ワイオミング、ユタ、ミシガン、カリフォルニア

正解 C

解説 年代順に並べてください、という設問です。第 3 パラグラフから【Wyoming → Utah】が分かります。第 5 パラグラフでは順番が入れ替わって【Michigan ← California】となっています。引っかけ的要素がありますので、注意してください。

---

48. 筆者はなぜスーザン・アンソニーの 1872 年の裁判に言及しているのですか。

(A) 婦人参政権論者の極端に戦闘的な戦術についての一例を示すため
(B) 婦人参政権論者の異常な戦術の一例を示すため
(C) アメリカとイギリスの婦人参政権運動の違いを説明するため
(D) アメリカの婦人参政権論者がイギリスの婦人参政権論者といかに似通っているかを説明するため

正解 B

解説 スーザン・アンソニーが投票したのは、例外的な活動でした。このことは、第 4 パラグラフの第 1 センテンスで書かれている "... with the notable exception ..." の表現に現れています。なお、(A) の「非常に闘争的な手法」とまでは言えない行動と考えましょう。

---

49. このパッセージによれば、女性に対する連邦政府の投票権の付与は次のどれですか。

(A) 1869 年
(B) 1872 年
(C) 1911 年
(D) 1920 年

正解 D

解説 設問の federal voting privileges（連邦政府による投票権）の付与は、第 5 パラグラフの第 1 センテンスに書かれている the 19th Amendment（憲法修正第 19 条）

を待たなければなりません。連邦政府と州政府の違いに気をつけましょう。

50. 圧力団体の目的と行動について著者が言わんとしているのは次のどれですか。
(A) 段階を踏んで最終目標へ向かって闘う方が、最終目標を目指してだけ闘うより効果的だ。
(B) 1つの目標のために努力することの方が、多数の目標のために努力するより効果的だ。
(C) 戦闘的戦術を取ることの方が合法的戦術を取るより効果的だ。
(D) 戦闘的な戦術と合法的な戦術の両方を取ることが望ましい。

正解 A

解説 設問の趣旨としては「著者はいずれの目的と行動を支持するか」という意味になります。パッセージでは、圧力団体（権利団体）の行動の例として "The National Woman Suffrage Association" と "The American Woman Suffrage Association" が対比されています。"state-by-state basis"（州単位の手段）を採用した後者の方が成功を収めたと書いていますので、著者の考えでは「段階を踏んだ行動体系」をより効果的と考えています。

Test 5

■ Questions 1–10

　メイフラワー号は、1620年9月にイングランドの南海岸にあるプリマス港から出帆し、約2カ月後にプロビンスタウン港に到着しました。その船には、近代アメリカの創立者で、新世界（アメリカ）に最初のイギリスの植民地を建設した、ピルグリムが乗っていました。ケープコッド地方周辺を探検した後、植民するために彼らが選んだ場所は、ピルグリムが出港した港の名前を取って、マサチューセッツ州プリマスと呼ばれています。

　下船の前に、ピルグリムはメイフラワー契約を作成、署名し、大人の男性全員がこれを是認しています。この同意によって、植民者は計画化されていたコミュニティにふさわしい法律を制定する権限を持ち、そこには植民地は多数決の意思によって統治されると明記がありました。これは植民地における最初の民主的な契約で、アメリカ合衆国の憲法の法体系の基礎として使用されました。

　広く信じられていることとは反対に、ピルグリムは清教徒ではありませんでした。メイフラワー号の乗客の大多数は、実際は分離派の経歴を持ち、多くの点で、ピューリタン的な見解を持つ人々よりももっと敬虔でした。彼らはイギリス国教会や教会の国家への服従のつながりを避けました。その一方で、数年後にその土地へたどり着き、マサチューセッツ湾植民地を建設した清教徒たちは、英国国教会とのつながりを断つことなく、英国国教会の清教徒化を目指しました。この2つのグループは徐々に見分けがつかなくなっていったため、ピルグリムに対する一般的な思い違いが生じるようになったのです。

　ピルグリムは、アメリカでの最初の収穫後に、その地において初めての感謝祭を行ったと一般的には信じられています。しかし、ピルグリムがアメリカにたどり着く以前に、ネイティブアメリカンは、収穫における崇拝と感謝に対して手の込んだ儀式を行っていたのでしょう。しかしながら、ピルグリムが毎年謝恩祭を祝っていたというのは間違いです。

　その他にも、プリマスにおいて、当初ピルグリムがあまり生存に関してのトラブルを抱えなかったというのは、驚くべき事実です。というのも、彼らはネイティブアメリカンのスクワントに助けられ、魚の捕り方やトウモロ

コシの栽培法を教わったからなのです。スクワントはまた、プリマス条約——ピルグリムとネイティブアメリカンの酋長のマサソイト間で交わされた平和条約——の通訳としても活躍しました。

1. このパッセージのメインテーマは、次のどれですか。
(A) メイフラワー号
(B) ピルグリム
(C) 新世界
(D) マサチューセッツ州プリマス

正解 B

解説 Pilgrims (Pilgrim Fathers：巡礼始祖) がどのようにアメリカ大陸に渡り、どのような考えを持って生活をしていたかがパッセージの主題です。この問題を落とすともったいないです。

2. メイフラワー号とは何ですか。
(A) 有名な花
(B) 有名な植民者のグループ
(C) 有名な船
(D) 有名な契約

正解 C

解説 間違えた人は、米国史を勉強してください。本文でも第1パラグラフの第1センテンスに "The *Mayflower* set sail ..." と書かれていますから、船だと分かると思います。

3. ピルグリムはメイフラワー号に乗って、どこから出発しましたか。
(A) イギリス
(B) プロビンスタウン
(C) ケープコッド
(D) マサチューセッツ

正解 A

解説 第1パラグラフの第1センテンスに "The *Mayflower* set sail from the port of Plymouth on the south shore of England ..." と書かれています。そのため、イギリスから出航したことが分かります。

4. 11行目の signed に最も意味が近い語は？
(A) 書いた

(B) 承認した
(C) コピーした
(D) 規定した

正解 B

解説 sign には英英辞典で "approve document"（書類を承認する）という意味があります。書類にサインをするということは endorse（承認する、裏書きをする）という意味になります。

---

5. ピューリタンと分離派の違いを説明しているセンテンスを第3パラグラフから選んでください。

(A) 18行目から19行目まで
(B) 19行目から21行目まで
(C) 22行目から26行目まで
(D) 26行目から28行目まで

正解 C

解説 Puritan（清教徒）と Separatist（宗教上などの分離主義者）の違いがあるという事実を述べているのは第2センテンスですが、相違点の内容を述べているのが (C) の第3センテンスです。迷うと思いますが、設問の a key difference（主な相違点）という指示に気をつけてください。なお Pilgrim は Separatist であるという関係をしっかり捉え、文意を間違えないようにしてください。

---

6. マサチューセッツ湾植民地を建設したのは誰ですか。

(A) ピルグリム
(B) ピューリタン
(C) 分離派
(D) アメリカ先住民

正解 B

解説 落ち着いて解いてください。第3パラグラフの第3センテンスに "... whereas the Puritans, who arrived in the area and formed the Massachusetts Bay Colony ..." と書かれています。(C) の Separatists と間違えないように気をつけましょう。スキミング能力と構文の分析能力が試されます。

---

7. 33行目の their が指しているのは？

(A) ピルグリム
(B) 最初の穀物
(C) アメリカ先住民
(D) 崇拝と感謝の手の込んだ儀式

正解 A

解説 their arrival の arrival（到着）がキーワードです。文意上から The Pilgrims を指していることが分かります。また、前文の主語でもあります。

8. 34行目の fallacy に最も意味が近い語は？
(A) 事実
(B) 大げさな表現
(C) 誤った考え
(D) 推量

正解 C

解説 fallacy は「誤った考え」です。(A) の fact の反意語となっています。concept（コンセプト、概念）は、すでに日本語になっています。(C) の misconception は「誤った考え」として同義になります。難易度は低いでしょう。

9. 著者が言わんとしているのは、次のどれですか。
(A) ピルグリムの歴史は完全に真実ではない。
(B) ピルグリムの歴史はしばしば誤解されている。
(C) ピルグリムの歴史は非常に不確かである。
(D) ピルグリムの歴史はおおむね信用できる。

正解 B

解説 正解 (B) の misconstrue（誤った解釈をする）は、難語です。しかし、しばしば見かける単語ですので、この問題で覚えましょう。また、単語の意味が分かったとしても (D) の消去が難しいですが、本パッセージでは「Puritan との混同」と「Thanksgiving の祝い」の2つの例示があります。(C) に関しては、*Mayflower* の話などは確かなものですから "very uncertain" は言いすぎでしょう。

10. このパッセージによると、スクワントについて正しくないのは、次のどれですか。
(A) 彼は敵対的だった。
(B) 彼はアメリカ先住民だった。
(C) 彼は英語を理解できた。
(D) 彼は友好的だった。

正解 A

解説 第5パラグラフをよく読んでください。Pilgrim に対して非常に優しかったようです。釣りの仕方を教えたり、トウモロコシ栽培を教えたりしたと書かれています。(B) と (D) は消去できます。また、通訳を務めたことから英語を理解していたのが分かるでしょう。(C) も消去できます。(A) の hostile（敵対的）を誤りとして選択できます。

Questions 11–20

　スペイン人の探検家エルナンド・デ・ソトが、1540年初期に、現在ルイジアナと呼ばれているアメリカの南部地方を通過したこともありましたが、1682年にルイジアナはフランスの植民地になります。先住民であるネイティブアメリカンの人口は、デ・ソトの探検と、それによってその地にもたらされた新しい病気のために、すでに大幅に減少していました。そのため、フランス人は先住民の抵抗をほとんど受けることがありませんでした。その地方は、そのときのフランスを統治していたルイ14世にちなんで、ルイジアナという名前が付けられました。

　1764年まで、ルイジアナでフランス語を話す住民は、最初のフランス系移民の子孫であるクリオールだけでした。彼らは、ヨーロッパの封建制度に基づいて植民地を形作っていくことを目指し、農夫と奴隷をクリオールの貴族に服従させようとしたのです。しかし1764年に、カナダの東海岸のフランス植民地、アカディアから追放された人々がルイジアナにたどり着き始め、その際、民主主義的な理想と意識がもたらされました。クリオールのコミュニティが彼ら新しい移民を歓迎しなかったのは、言うまでもありません。

　この新しいフランス系移民は、初め、ルイジアナのクリオールの間に増えていた奴隷の所有をひどく嫌っていました。しかしアカディア人も2世代や3世代になってくると、急速にその平等主義の規範を失い、1810年になると、多くのアカディア人は、奴隷を所有していました。2つのグループ間の結婚も当たり前になり、1880年までに、アカディア人はクリオール文化にほぼ完全に融合します。

　あまり裕福でないアカディア人、クリオール、英国系アメリカ人、および他のヨーロッパ系移民のグループの間で広まっていたものこそ、アカディア文化でした。今日、ルイジアナのフランス語を話す人々は、ケイジャン人として知られ、アカディア人という言葉から派生したものです。

11. このパッセージのタイトルとして最もふさわしいのは、次のどれですか。
　(A) 新世界におけるスペインによる植民地化の歴史
　(B) カナダにおけるフランスの植民地化の歴史

(C) ルイジアナにおけるフランス語を話す人々の歴史
(D) ルイジアナの歴史

正解 C

解説 第1パラグラフでは、ルイジアナがフランス領になったことが書かれています。第2パラグラフでは、クリオールの社会が書かれています。第3パラグラフでは、アカディア人とクレオールの融合が書かれています。第4パラグラフでは、今日ではケージャンとしてフランス語を話すことが書かれています。すべてルイジアナに関することで、かつ、フランス語を話す人たちの歴史です。(C) が最適です。

---

12. 6行目の it が指しているのは？
(A) アメリカ先住民の人口
(B) デ・ソトの探検
(C) 新しい病気
(D) 宗教

正解 B

解説 含まれるセンテンスの "... the new diseases it introduced to the region." の意味は、「〜がその地域にもたらした新種の病気によって」というように新種の病気を後ろから修飾しています。関係代名詞 which を挿入すると分かりやすいかもしれません。「〜」はデ・ソトの探検です。

---

13. このパッセージによると、最初にルイジアナに植民したのは誰ですか。
(A) スペイン人
(B) アメリカ先住民
(C) フランス人
(D) アカディア人

正解 C

解説 最初に設問を解説しましょう。設問は「最初に植民化した民族」を聞いています。最初に来たのはスペインの探検家ですが、第1パラグラフの第1センテンスで1682年にフランスの植民地になったと書かれています。(B) の選択肢にネイティブアメリカンが入っているので迷うかもしれません。彼らは先住民であり、植民者ではありません。

---

14. 著者は第1パラグラフで、「そのためフランス人は先住民の抵抗をほとんど受けなかった」と言っています。このパラグラフのこのセンテンスの目的は何ですか。
(A) 前文を説明するため
(B) 次の文を説明するため
(C) 前文の理由を説明するため
(D) 前文の結果を説明するため

正解 D

解説 キーワードは 3 単語目の therefore です。この 1 語で前文までに述べられた結果について表していると考えられます。また、文意からも「デ・ソトの探検」がもたらした病気によりネイティブアメリカンの数は激減した、よって、フランス人は原住民の抵抗をほとんど受けることがなかった、となります。文章構造を考え、文意を捉えるのに良い設問でしょう。

15. クリオールがどんな政治システムを理想としたか、それを説明するセンテンスを第2パラグラフから選んでください。

(A) 11行目から12行目まで
(B) 13行目から15行目まで
(C) 15行目から18行目まで
(D) 18行目から19行目まで

正解 B

解説 クリオール社会の目指したものは「(フランス的) 中世封建主義」だったのです。それを説明しているのが第 2 センテンスです。"They aimed to ..." は「彼らが目指したもの」という意味です。

16. 15行目の exiles に最も意味が近い語は？
(A) 探検家
(B) 追放された人々
(C) 旅行者
(D) 侵入者

正解 B

解説 exile は「追放された人、亡命者」の意味で使われています。この単語の意味が分かった場合には、消去法が使えます。簡単な単語の (A) は探検家、(C) は旅行者ですから、この 2 つは消せるでしょう。(D) の intruders が分からなくとも、intrude (侵略する) は知っていると思います。これも違う、だから、難語ですが (B) の deportees を選択してください。deport (追放する) の派生語です。

17. 21行目の abhorred に最も意味が近い語は？
(A) ひどく嫌った
(B) 好んだ
(C) 批判した
(D) 評価した

正解 A

解説 abhor (忌み嫌う) が分からないとかなり迷うでしょう。また、正解の (A) の

loathe（ひどく嫌う）も同じ程度の難易度ですから分からないかもしれません。選択肢を見ましょう。(B) と (D) はポジティブに捉える単語です。続くセンテンスで "... soon lost their egalitarian standards ..." と書かれています。egalitarian（博愛的）をなくすわけですから、その前はあったことが分かります。博愛の考えを持つ者が奴隷制をどう思ったか、考えてください。ポジティブではないことが分かるでしょう。選択肢のうち、(B) と (D) の 2 つを消すことができます。

---

18. このパッセージによると、1810 年の状態で正しいのは次のどれですか。
(A) アカディア人の家庭はすべて奴隷を所有していた。
(B) アカディア人の家庭のほとんどは奴隷を所有していた。
(C) アカディア人の家庭の一部は奴隷を所有していた。
(D) どのアカディア人の家庭も奴隷を所有していなかった。

正解 B

解説 第 3 パラグラフの第 2 センテンスに "... the lion's share of Acadian households ..." と書かれています。多くのアカディア人が奴隷を所有していたのです。ただし、全員とは書かれていないため (A) は選択できません。(B) が正解です。

---

19. 29 行目の affluent に最も意味が近い語は？
(A) 保存状態が良い
(B) 裕福な
(C) 貧しい
(D) うまく順応した

正解 B

解説 affluent（豊かな、裕福な）の意味が分かれば (B) を選択できます。分からない場合には消去法は使えないでしょう。なお、(C) の poor を反意語に入れることにより、難易度を下げました。

---

20. 著者が言わんとしているのは次のどれですか。
(A) 先住民のルイジアナ人のすべてはフランス語を話す人々である。
(B) アカディア人はすべて英語を話す。
(C) ケージャン人はすべてフランス語を話す。
(D) ルイジアナ人はすべてフランス語を話す。

正解 C

解説 選択肢が難しいです。選択肢 (A) の indigenous Louisianans（先住民のルイジアナ人は）はネイティブアメリカンを指しているので間違いだとすぐに分かります。他の選択肢では (D) が「少しおかしいかな」と思うでしょう。第 4 パラグラフをよく読みましょう。第 2 センテンスに "..., the French-speaking people in Louisiana are known as Cajuns, ..." (ルイジアナに住むフランス語を話す人々はケージャンとして知られている) から (C) が正解だと分かります。

■ **Questions 21–30**

　アメリカにおいて駅馬車は1858年に運営が開始されました。それはジョン・バターフィールドが米国の郵政省（1971年からはthe Postal Serviceとして「郵政公社」に改組）とミズーリからカリフォルニアまでの郵便と小包の配送契約を結んだときです。彼の会社はオーバーランド・メール・カンパニーと呼ばれ、運送車は陸路の駅馬車です。陸上輸送は、ミシシッピ川から太平洋までの陸路の輸送を示しています。バターフィールドは25日間でグレートプレーンを越える郵便の配送を引き受けました。当初は旅客の輸送は、郵便や貨物輸送業務の副次的なものでした。

　毎週2台の駅馬車が東部へ運行され、さらに2台が西部への運行に当たりました。バターフィールドの業務は好調期には1800頭の馬に牽引された250台の駅馬車により160の駅舎へ配送されました。セントルイスからサンフランシスコまでの2800マイルほどの路線のサービスです。旅客の旅は西部には通常22日から24日要し、200ドルかかりました。より需要の少ない東部への旅には150ドルしかかかりませんでした。いずれの路線でも乗客は40ポンドまで荷物の持ち込みが無料でした。この駅馬車はコンコルド・コーチと呼ばれ、その駅馬車が組み立てられたニューハンプシャー州のコンコルドにちなみました。

　バターフィールドの駅馬車はすぐにポニー・エクスプレスの速達郵便配達の競争にさらされました。この会社はミズーリ州のセントジョセフからカリフォルニア州のサクラメントまでの1830マイルの距離を運行し、その路線上には190の駅舎がありました。この路線で手紙や書類を運ぶのは80人のポニー・エクスプレスの乗り手でした。各乗り手は約75マイルを走り、10マイルごとに駅舎で2分間以内に馬を乗り換えました。4つの革製の郵便袋が乗り手から乗り手へと手渡され、最短では7日17時間で着いたと言われています。

　駅馬車とポニー・エクスプレスの双方とも業務は技術革新の犠牲となり、長く続きませんでした。ポニー・エクスプレスはその仕事が1861年10月に開始された大陸横断電信により、1年半しか続きませんでした（1860

119

年 4 月 3 日から 1861 年 10 月 24 日まで)。一方で、オーバーランド・メール・カンパニーはその後、ウェルズ・ファーゴの創設者であるヘンリー・ウェルズに売却される 1866 年まで存続しました。大陸横断鉄道が 1869 年に完成するやいなや駅馬車による旅客業務が終わりましたが、駅馬車業務がウェルズ・ファーゴと呼ばれるゆえんです。

21. このパッセージは主に何について論じていますか。
(A) 陸路の郵便配送と旅客事業
(B) 米国における郵便配達事業
(C) ジョン・バターフィールドとヘンリー・ウェルズの人生
(D) 大陸横断の電信と鉄道事業

正解 A

解説 駅馬車と郵便の配送の初期アメリカの歴史です。第 2 パラグラフで駅馬車を説明しています。第 3 パラグラフはポニー・エクスプレスの説明です。第 4 パラグラフは、これらのサービスが大陸横断鉄道や電信サービスに取って代わられたことを述べています。(A) の overland は「陸路の (輸送)」という意味で、全体の内容を示しています。(B) は郵便だけです。(C) のように個人の生活は述べていません。(D) は中心のトピックではありません。

22. 6 行目の designating に最も意味が近い語は？
(A) 保守点検する
(B) 契約する
(C) 配送する
(D) 示す

正解 D

解説 含まれるセンテンスは "... 'overland' designating land transportation from ..." として陸上輸送を「示す」という意味です。(D) の indicate は「示す」で、正解です。designate が分からない場合には他の選択肢も文章に入り込むため、難易度が高くなる問題です。

23. 20 行目の assembled に最も意味が近い語は？
(A) 分解された
(B) 組み立てられた
(C) 混ぜられた
(D) 廃棄された

正解 B

解説 assemble は「組み立てる」という意味です。(A) の break up は「分解する」、(C) の mix together は「混ぜる」、(D) の throw away は「廃棄する」という意味です。正解の (B) の put together は「組み立てる」という意味になります。いずれも重要な熟語ですから、覚えましょう。

24. ポニー・エクスプレスの便は駅馬車よりおよそ何倍速かった？
(A) 2
(B) 3
(C) 4
(D) 5

正解 B

解説 第 3 パラグラフの第 4 センテンスに "... and the fastest trip is said to have taken 7 days and 17 hours." として最も速い場合には 7 日と 17 時間と述べられています。一方で駅馬車の方は、第 2 パラグラフの第 3 センテンスに "The trip normally took 22 to 24 days ..." と書かれています。計算すると、ポニー・エクスプレスは 185 時間。駅馬車は約 530 時間。約 2.8 倍になります。計算しなくとも、大まかに 3 倍だと分かると思います。簡単な計算ですから、間違えないようにしましょう。

25. ポニー・エクスプレスの郵便袋は：
(A) 75 マイルごとに次の乗り手に引き渡された
(B) 約 10 マイルごとに次の乗り手に引き渡された
(C) 各駅舎では清掃に 2 分かからなかった
(D) 西海岸まで平均 7 時間 17 分かかった

正解 A

解説 これは完全な引っかけ問題です。第 3 パラグラフの第 3 センテンスに "... each of whom rode about 75 miles, changing horses every 10 miles or so in less than two minutes at each stop." と書かれています。10 マイルごとにある駅舎で馬を乗り換える、そして、その馬の交換時間は 2 分以内。乗り手は 75 マイルごとに交代する。設問は「郵便袋は」と言うことですから、乗り手がどうするか、にかかっています。続く第 4 センテンスに "Four leather sacks were handed from rider to rider, ..." と書かれています。乗り手が手渡しする 75 マイルごとが hand（手渡す）されることなのです。

26. 34 行目の doomed に最も意味が近い語は？
(A) 終わる運命にあった
(B) 買収された
(C) 経営されるように仕組まれた

(D) 支配された

正解 A

解説 doom は「運命づける」という意味ですが、ここでは「終わらされる運命にあった」という意味で使われています。大陸横断電信に取って代わられたのです。(A) の (be) destined to end（終わる運命になった）が同義になります。また、含まれるセンテンスの前文の "Stagecoach and Pony Express ... were short-lived, ..." と書かれていますから、短命に終わり、仕事がなくなったことが推測できるでしょう。

27. 38行目の founder に最も意味が近い語は？
(A) 発見者
(B) 創始者
(C) 探知機
(D) 引受人

正解 B

解説 founder は「創設者」です。(C) の locator は「探知機」、(D) の undertaker は「請負人、引受人」という意味です。

28. 第4パラグラフのメイントピックは何ですか。
(A) 大陸横断電信がポニー・エクスプレスに取って代わった。
(B) 大陸横断鉄道が大陸横断駅馬車に取って代わった。
(C) 技術革新が馬による輸送に取って代わった。
(D) 陸路輸送は短命だった。

正解 C

解説 (A)、(B)、(D) のすべてが正しい第4パラグラフの内容です。これらをまとめたのが (C) の「技術革新が馬による輸送に取って代わった」になります。いずれの選択肢も正しいですが、全体を示すものを選択しなければなりません。

29. このパッセージによると、アメリカでは大陸横断駅馬車による旅客輸送はどのくらい続きましたか。
(A) 22〜24日
(B) 1858年から1866年まで
(C) 1年半
(D) 11年

正解 D

解説 第1パラグラフの第1センテンスに1858年に開始されたことが書かれています。第4パラグラフの第4センテンスに "... its passenger service stopped soon after the transcontinental railroad was completed in 1869." と書かれています。大陸

横断鉄道が 1869 年に完成して、旅客業務を中止したことが分かります。差し引き 11 年間です。

30. このパッセージから、推察されないものは次のどれですか。
(A) ウェルズ・ファーゴは 1860 年代にその旅客業務を中止した。
(B) ウェルズ・ファーゴは大陸横断鉄道を建設した。
(C) 大陸横断電信は 1860 年代にサービスを始めた。
(D) 鉄道は 1860 年代の旅客輸送を向上させた。

正解 **B**

解説　ウェルズ・ファーゴが大陸間横断鉄道を造ったとは書かれていません。ですから、(B) は間違いです。ちなみに、大陸横断鉄道は国策会社によるものです。なお、ウェルズ・ファーゴは現在もアメリカの金融機関として存在しています。(A) は上記の問題で確認したように、1869 年に旅客業務を終了したので、正しいです。(C) の大陸横断電信は 1861 年にスタートしたことが第 4 パラグラフの第 2 センテンスに書かれています。(D) は第 4 センテンスから、駅馬車の旅客業務を鉄道が取って代わったことが分かりますから、選択肢のように旅客輸送を向上させたことが推測されます。

Questions 31–40

　合衆国が 1 つの国になって以来、国有地の国民への分配をめぐって意見が対立してきました。公有地はもともと政府の資金調達のために売却されていました。しかし、不況になると、貧しい農民と失業者は西部の手つかずの国有地の分配を強く迫ったのでした。

　奴隷を使ってプランテーションを経営する南部の大地主も北東部の工場所有者も西部開拓者への土地分配に反対しました。南部人は、小規模自営農民からなる西部の諸州が奴隷制に反対するようになることを恐れました。工場所有者は、多くの貧しい人々が西部に移住して安価な労働力を入手できなくなることを心配したのでした。

　南北戦争の勃発とともに南部諸州が合衆国から脱退したのち、議会はついに最初のホームステッド法、ホームステッド法 1862 を通過させることができました。この法律によって、一定の条件のもとに個人が無償で土地を手に入れることができました。申請者は米国政府に敵対したことがあってはならず、少なくとも 21 歳以上もしくは世帯主でなければなりません。女性と解放奴隷にも申請資格がありました。入植者は申請書を提出

し、その土地に5年間居住し、開拓に従事しなければなりませんでした。

　ホームステッド法の、個々の農民に土地を支給するという目標は部分的に実現しただけでした。大草原地帯は乾燥した大地であるため、自活できるほどの農業を営むには与えられる土地面積は狭すぎたのです。開拓者の推定で40パーセントしか実際に自分の土地を獲得するのに成功していません。さらに、広大な土地を獲得するために法の抜け穴や賄賂を使う土地投機師が暗躍しました。

　これらの問題にかかわらず、ホームステッド法は貧しい農民に自分とその家族を養うのに必要な土地を与えました。また西部の開拓と発展に貢献したことも確かです。

31. このパッセージのメインテーマは何ですか。
(A) 19世紀初期アメリカの開拓者
(B) 北部と南部の対立
(C) 政府が定めた土地分配プログラム
(D) 19世紀の農業の発達

正解 C

解説　第1パラグラフでは、政府の土地を譲渡する要求が出たと書かれています。第2パラグラフでは、それに対する反対があると書かれています。第3パラグラフでは、ホームステッド法の制定について書かれています。第4パラグラフでは、ホームステッド法の限界が書かれています。第5パラグラフには、ホームステッド法の効果が書かれています。ホームステッド法が政府土地の分配（distribution）と理解できれば、(C) を選択できるでしょう。

32. 2行目の acquire に最も意味が近い語は？
(A) 分配する
(B) 手に入れる
(C) 維持する
(D) 逃れる

正解 B

解説　acquire（獲得する）は、基本的な重要単語です。正解 (B) の obtain は「獲得する、入手する」という意味です。(C) の maintain は「維持する」という意味ですから、少し語義が離れます。

33. このパッセージによれば、なぜ工場所有者は西部の開拓者に土地を分配するこ

とに反対したのでしょうか。
(A) 開拓者が受け取った土地を使って工場所有者の工場を買い取るのではないかと考えた。
(B) 開拓者が工場で働くより農業をすることを選ぶのではないかと考えた。
(C) 土地の分配が奴隷制を終わらせるのではないかと考えた。
(D) 土地の価格が上昇するのではないかと考えた。

正解 B

解説 第2パラグラフの第3センテンスに "The factory owners feared that many poor people would move West …" と書かれています。西部に土地を求めて移住することを恐れていたのです。言い換えれば、工場で働く従業員が少なくなる、という危惧を抱いたのです。(B) の工場で働くより農業に従事するだろう、という危惧です。

---

34. 20行目の specific に最も意味が近い語は?
(A) 正確な
(B) あいまいな
(C) 明確でない
(D) 個人的な

正解 A

解説 含まれるセンテンスは "… by meeting specific conditions." と書かれています。「特定の条件に適合すれば」という意味です。(A) の exact は「的確な、正確な」という意味があり正解です。(B) の ambiguous と (C) の indefinite は、反意語になります。

---

35. 24行目の eligible に最も意味が近い語は?
(A) 無視された
(B) 免除された
(C) 奨励された
(D) 権利を与えられた

正解 D

解説 eligible は「適格で」という意味です。女性と自由になった奴隷も適格だったのです。正解 (D) の entitled は「権利を与えられた」という意味です。野球の「エンタイトル・ツーベース」は和製英語だということですが、ここから来ています。

---

36. 1862年ホームステッド法に申請資格のないのは次の誰でしょうか。
(A) 21歳の者
(B) その土地で生活できる者
(C) 世帯主
(D) 現在奴隷として保有されている者

正解 D

解説 第3パラグラフの第3と第4センテンスに、ホームステッドへの出願条件が書かれています。第4センテンスに "Women and freed slaves were eligible." と書かれています。freed slaves は「解放された奴隷」のことです。(D) は現在も奴隷として保有されている、という意味ですから、これは間違いです。

---

37. 第4パラグラフによれば、すべての開拓者が自分の土地を持つことに成功しなかったのはなぜですか。

(A) 土地が広すぎて耕すことができなかった。
(B) 政府が十分な農機具を提供できなかった。
(C) 土地投機師が開拓者の土地を買わなかった。
(D) 土地が狭すぎて生活を維持できなかった。

正解 D

解説 第4パラグラフの第2センテンスに "The amount of land given was not enough ... on the dry land of the Great Plains." と書かれています。グレートプレーンの土地は乾いているため、与えられた土地は十分でない、つまり、狭いということです。それを言い換えたのが、(D) です。なお、make a living は「生計を立てる」という意味です。覚えましょう。

---

38. 32行目の loopholes に最も意味が近い語は？

(A) 秩序
(B) 戦術
(C) あいまいさ
(D) 資金

正解 C

解説 loophole は「(法の) 抜け穴」という意味です。この意味が分からないと難しい問題です。(C) の ambiguity は「あいまいさ」という意味です。これが正解なのですが、分からない場合には (B) の tactics や (D) の fund を選択する可能性があるでしょう。なお、(A) の order は、反意語になります。

---

39. 開拓者に与えられた土地についてどんなことが推察されますか。

(A) 南部の土地所有者から購入された。
(B) 合衆国に所有されていた。
(C) 肥沃で水が豊富にあった。
(D) 南部でだけ入手可能だった。

正解 B

解説 第1パラグラフの第2センテンスに "Public lands" の記述があります。「公有

地」です。ホームステッド法では、無料で土地を譲渡したと第 3 パラグラフの第 2 センテンスに "..., an individual could receive free land ..." と書かれています。そのため、土地は (B) の政府所有であると推測できるでしょう。(A) は誤りとなります。また、第 1 パラグラフの第 2 センテンスの最後に "... in the West." と書かれていますから、(D) の南部だけ、は誤りです。第 4 パラグラフの第 2 センテンスには "... on the dry land ..." と書かれていますから、(C) の「肥沃で、水が豊富な」は誤りです。

---

40. ホームステッド法についてどんなことが推察されますか。
　　(A) 南部の土地所有者に有利に働いた。
　　(B) 全国に失業者と貧困を増やした。
　　(C) 南北戦争を引き起こした。
　　(D) 西部の成長を促した。

正解 D

解説 第 5 パラグラフに "..., and they certainly contributed to the faster settlement and development of the West." と書かれていますから、西部の発展に寄与したことが分かります。選択肢 (D) の facilitate は「容易にする、促進する」という意味です。(A) の南部の土地所有者に利益をもたらしたとは、どこにも書かれていません。(C) の「南北戦争」を引き起こした、というのは第 3 パラグラフの第 1 センテンスから関係ないことが分かります。南北戦争が起きた後に、ホームステッド法ができたのです。(B) に関して、第 1 パラグラフの第 2 センテンスに "..., but during economic hard times, poor farmers and unemployed workers ..." と書かれていて、貧しい農民や失業中の人たちがホームステッド法から逆に恩恵を受けたことが示唆されます。

■ **Questions 41–50**

　　1820 年から 1855 年にかけて、ニューヨークは急速に発展し、その人口はほぼ 4 倍になりました。市民の間に静かでゆったりできる場所を求める動きが出始めましたが、そうした場所というのはあるとしても共同墓地ぐらいのものだったのです。1844 年に、『イブニング・ポスト』紙の編集長ウイリアム・カレン・ブライアントと造園家のアンドリュー・ジャクソン・ダウニングが都市公園の建設運動を始めました。ニューヨーク市の有力者たちもロンドンのハイドパークのような洗練された、無蓋馬車の走る公園の必要性を訴えました。ニューヨーク市議会は 500 万ドルで 700 エーカーの土地を購入することを承認しました。そして 1857 年、セントラルパーク委員会が公園のデザインコンペを実施しました。そこで選ばれたのがフレデリック・ロー・オルムステッドとカルバート・ボークスの「緑の芝

生計画」でした。

　公園建設は空前の大事業でした。荷馬車 1000 万台分の岩や土が除去され、1 万 8500 立方ヤードの表土に入れ替えられました。400 万本の樹木、潅木その他の植物がここに移植されたのです。

　公園は 1873 年に完成しましたが、ニューヨーク市の政治を多方面にわたって牛耳る政治組織、タマニー・ホールに無視されためにすぐに顧みられなくなりました。公園のメンテナンスはほとんど行われなくなり、草木が枯れても放置されたままでした。

　反タマニー派のフィオレロ・ラガーディアがニューヨーク市長に選ばれたことで、状況は一変しました。セントラルパークの浄化にロバート・モーゼスが任命され、彼はこのプロジェクトを 1 年以内に完遂しました。彼はまた、公園のあるべき姿を見直し、多数の遊び場、野球場や他の施設を備えたレクリエーションの場に変えたのでした。

　しかし、ロバート・モーゼスが去った後、セントラルパークは再び衰退していきました。集会やコンサートなどの大きなイベントがここで催されたものの、犯罪が多発し、夜は危険な公園になってしまいました。1980 年、市民と市職員からなる組織、セントラルパーク・コンサーバンシーがセントラルパークの再生を目指して創立されました。この組織の多岐にわたる活動で、今日のセントラルパークは再び訪れる場所として人気を取り戻し、年間約 3800 万人が訪れるまでになっています。

41. このパッセージのメインテーマは次のどれですか。
(A) ニューヨーク市の政治家の間の争い
(B) 公共公園のメンテナンスの重要性
(C) ニューヨーク・セントラルパークの歴史
(D) ニューヨーク・セントラルパークで催される活動

正解 **C**

解説　セントラルパークの歴史を年代順に追いかけています。パラグラフ 3 と 4 で政治のことに少し触れています。パラグラフ 4 と 5 でセントラルパークの活動について触れていますが、メインの話ではないです。

42. 7 行目の influential に最も意味が近い語は？
(A) 強力な

(B) 支えとなってくれる
(C) 金持ちの
(D) 批判的な

正解 A

解説 influential は「有力な、勢力のある、影響を及ぼす」という意味です。含まれるセンテンスは、有力なニューヨーカーが公園を後押しした、という文意となります。(B) と (C) の人たちは (A) だとは思いますが、語義的には (A) が正しいです。

43. 14行目の monumental に最も意味が近い語は？
(A) 普通の
(B) 巨大な
(C) 重要度が低い
(D) 時代遅れの

正解 B

解説 monument は「記念碑」という意味。monumental は「歴史的価値のある、巨大な、途方もない」という意味です。難易度のある程度高い (C) の inconsequential は、反意語です。第2パラグラフでは、多くの石や topsoil（表土）を入れ替えた、そして、多くの木々を植えたことが書かれています。非常に大きな工事だったことが分かります。ここからも、(B) が選択できるでしょう。

44. ニューヨーク市がセントラルパークの完成にこぎつけたのはいつですか。
(A) 1820年
(B) 1844年
(C) 1857年
(D) 1873年

正解 D

解説 完成した年を聞かれています。1844年は、公園を造ろうじゃないか、という運動があった年です。1857年は、デザインコンペを開き、造り始めた頃でしょう。第3パラグラフの第1センテンスに "The park was completed in 1873 ..." と書かれています。簡単な問題ですので、落ち着いて解きましょう。

45. 第3パラグラフからは、セントラルパークについてどんなことが推察されますか。
(A) タマニー・ホールの政治家がその多くを売却した。
(B) ニューヨーク市民はセントラルパークを大切にした。
(C) ニューヨーク市政府はセントラルパークをよく維持管理した。
(D) ニューヨーク市政府はセントラルパークに関心を払わなかった。

正解 D

解説 タマニー・ホールは、公園に興味がなかったのです。(A) の売却をしたとは書かれていません。(B) と (C) に関しては第 2 センテンスに "There was little maintenance of the park, ..." と書かれていますから、間違いです。(D) の disregard（軽視する、無視する）が正しいです。

46. 以下のうち、ロバート・モーゼスがセントラルパークのためにしなかったことは次のどれですか。
(A) 清掃
(B) 遊び場の設置
(C) コンセプトの見直し
(D) 土地の買い増し

正解 D

解説 第 4 パラグラフの第 2 と第 3 センテンスに書かれています。(C) については "He also changed the vision of the park ..." と書かれています。公園の役割をより広いものにしたのでしょう。しかし、(D) の土地を買った、とは書かれていません。しっかり読んでください。

47. セントラルパークは 1980 年代の直前になぜ不人気になったのですか。
(A) 公園でコンサートがもはや許可されなくなった。
(B) 公園は運動場を閉鎖した。
(C) 公園は犯罪率が高かった。
(D) 公園は混雑がひどかった。

正解 C

解説 第 5 パラグラフの第 2 センテンスに "... but crime had risen, and the park became dangerous at night." と書かれています。ですから、犯罪率が高く、夜は危険な場所になったのです。(C) が正解です。(D) の「混みすぎ」ということは書かれていません。

48. 36 行目の reclaim に最も意味が近い語は？
(A) 耕す
(B) 建設する
(C) 回復する
(D) 傷つける

正解 C

解説 reclaim は「再生する」という意味の他に「開墾する」という意味があります。その意味では (A) の plow（耕す）も同義語になり得ます。しかし、文意から考えると「再生して元の良い公園にする」という意味になります。(C) の recover（回復する）が正

解です。

---

49. セントラルパーク管理委員会について次のどれが推察できますか。
(A) セントラルパーク管理委員会の仕事は満足のいくものではなかった。
(B) セントラルパーク管理委員会は全員市職員で構成されている。
(C) ニューヨーク市民がセントラルパーク管理委員会に加わっている。
(D) セントラルパーク管理委員会は観光客にお土産を売っている。

正解 C

解説 第5パラグラフの第3センテンスにセントラルパーク管理委員会は "..., an organization of citizens and government employees, ..." と書かれています。はっきりニューヨーカーとは書かれていませんが、市民参加であることが分かります。そして、今日は人気がある、と書かれていることから、(A) の満足がゆかない、は間違いだと分かります。また、(D) の土産物については書かれていません。

---

50. 36行目の It は何を指していますか。
(A) 彼の離任
(B) 衰退
(C) 公園
(D) セントラルパーク管理委員会

正解 D

解説 前文の主語の (D) が正解です。文頭が代名詞の場合には、多く場合に前文の主語を指すことが多いです。

Final Test

Questions 1–10

　黒点とは、太陽表面に一時的に出現する黒い斑点のことです。太陽の自転によって太陽表面を移動しますが、その移動に伴って膨張したり収縮したりします。黒点はその中心の特に暗い部分、暗部とその暗部を取り巻くやや明るい部分、半暗部からなっています。黒点の大きさはさまざまです。最大級になると直径約5万マイルに達し、目を保護した上でなら、望遠鏡がなくても地球から見ることができます。黒点はしばしばまとまって現れ、多いときは100個ぐらいになりますが、10個以上が一斉に現れることはめったにありません。

　科学者は、黒点が太陽表面の相対的に低温のスポットであることを発見しました。そこでは強力な磁場によって、核融合で作られる太陽の中心核からの熱流が妨げられています。とは言ってもそれはあくまで黒点の周りの温度と比べてという話にすぎません。なぜなら黒点の温度は4000 Kで、地球にはこれほど高い温度のものは存在しません。ちなみに、黒点の周りの太陽表面の温度は5700 Kに達します。同じように、暗いというのも周辺の太陽表面の明るさに比べたらということです。明るくないと言われる黒点も真っ暗闇の空に置かれたら満月ほどの明るさになるでしょう。

　黒点の出現には周期性があり、時間とともにその数を変えることは1843年から知られていました。その数は1サイクルで増減し、1つの活動ピーク時から次のピーク時まで平均約11年です。しかし、ほとんど黒点活動が見られない「太陽活動極小期」の数と黒点活動が最大になる「太陽活動極大期」の数は、一定ではありません。科学者はその数が将来どれくらいになるか確実に予測することはできません。

　黒点活動が活発になると地球に影響が出ます。オーロラが発生したり、電力、無線通信、地球の磁場の保護外で周回する人工衛星に障害をもたらしたりします。

Final Test

1. このパッセージのメインテーマは何ですか。
(A) 黒点を研究した天文学者
(B) 太陽の構造
(C) 黒点の不規則性
(D) 黒点の一般的な説明

正解 D

解説 全体を通して「(太陽の) 黒点」がトピックです。具体的な天文学者の名前も含まれていません。太陽の構造に詳しく触れていません。(C) について、第3パラグラフには11年周期だが黒点の数は一定ではない、と述べていますが全体のトピックではありません。パッセージ全体は、一般的な黒点の説明になっています。

---

2. 3行目の contracting に最も意味が近い語は？
(A) 収縮しながら
(B) 輝きながら
(C) 増加しながら
(D) 署名しながら

正解 A

解説 "expanding and contracting" の対比が理解できれば (A) の shrink が選択できるでしょう。contract には「契約する」という意味があります。その意味しか知らない場合には、(D) の sign (サインをする) を選択してしまう可能性があります。しかし、文意上、サインをするというのはおかしいと考えてください。

---

3. 第1パラグラフによれば、次のどの記述が正しいですか。
(A) 黒点はその一生を通して同じ大きさである。
(B) 黒点は望遠鏡でのみ、見ることができる。
(C) 黒点は通常直径が5万マイル以上ある。
(D) 黒点は通常は1度に10個以上まとまって現れることはない。

正解 D

解説 第1センテンスには "..., expanding and contracting as they move." と書かれていますから、(A) は誤りです。第3センテンスには "..., can be seen, ... without a telescope." と書かれていますから、(B) は誤りです。同じく第3センテンスに "..., but the largest, approximately 50,000 miles in diameter, ..." と書かれています。最も大きなもので、5万マイルです。(C) は間違いです。第4センテンスに "They often appear in groups ..., though, the groups of more than 10 are not usual." と書かれていますから、グループで出現し、通常10以下だということが分かります。(D) が正解です。

4. 19行目の moderately に最も意味が近い語は？
(A) 過剰に
(B) ある程度
(C) おそらく
(D) 薄く

正解 B

解説 moderately は「適度に、ほどよく」という意味です。"If a moderately bright sunspot were ..., it would be as bright as a full moon." から、「満月ほど」明るくなるのが分かります。満月は、まぶしくありません。(B) の somewhat（ある程度）を選択する力を付けてください。

---

5. 第2パラグラフによると、黒点は：
(A) 他の太陽表面と同じくらい熱い
(B) 他の太陽表面よりも温度が低い
(C) 他の太陽表面より温度が高い
(D) 他の太陽表面より明るい

正解 B

解説 第2センテンスに "It is cool only in comparison to the temperatures around it, ..."（その周りの温度と比べたら）と書かれていますから、(B) が正解になります。4000Kと周りの5700Kより低くなっているのです。第3センテンスには "..., it is dark only in comparison to the brighter solar surface around it." と書かれていますから、太陽表面の周囲よりも暗いことが分かります。(D) は誤りです。

---

6. 「太陽活動極大期」とはいつですか。
(A) 巨大な黒点があるとき
(B) 多くの黒点があるとき
(C) 黒点活動がないとき
(D) ちょうど「太陽活動極小期」から11年後

正解 B

解説 第3パラグラフの第3センテンスに "..., and the number at the "solar maximum," when there is the greatest amount, ..." と書かれています。黒点の数が最高に達したときを指します。なお、(D) の solar minimum（太陽極小期）の11年後というのは誤りです。11年の間に solar maximum（太陽極大期）と極小期が循環するのです。

---

7. 28行目の consistent に最も意味が近い語は？
(A) 理解できる

(B) 無視できる
(C) 一定の
(D) 変化し得る

正解 C

解説 含まれる文が少し長いです。簡略化しましょう。"The number of sunspots is not consistent." になります。黒点の数が一定ではないのです。(C) の uniform (均一の) が正解になります。(D) の variable (可変的な) が反意語になります。

---

8. 32行目の which は何を受けていますか。
(A) 期間
(B) オーロラ
(C) 電力
(D) 衛星

正解 D

解説 関係代名詞 which の先行詞は何か、という設問です。直前の名詞の satellites を指しています。"..., which travel outside the protection of the Earth's magnetic field." からも「地球の磁場から離れる」ものは何かを考えると衛星になります。

---

9. このパッセージによれば、次のどれが黒点の活動について正しいことを言っていますか。
(A) 電波通信に好ましい条件をもたらす。
(B) 地球に決して届かない。
(C) 電力に影響を及ぼす可能性がある。
(D) オーロラの発生を妨害する。

正解 C

解説 消去法で考えましょう。第4パラグラフの第2センテンスに書かれている "They produce auroras and can interfere with ..." から、(D) の「オーロラを妨げる」、(A) の「電波による通信を容易にする」は誤りだと分かります。第1センテンスには "Periods of high sunspot activity can affect the Earth." と書かれていますから、地球に到達することが分かります。(B) も誤りです。

---

10. 筆者は次のどの記述に合意すると思いますか。
(A) 黒点は特に強力な磁場が太陽に存在する場所に発生する。
(B) 黒点の活動が活発なときに衛星を打ち上げるのが最も良い。
(C) 黒点は太陽のそのほかの部位よりもより多く太陽熱を発散する。
(D) 黒点は満月のとき見ることができる。

正解 A

解説 (A) について、第 2 パラグラフの第 1 センテンスに "..., where a strong magnetic field is restricting the flow of heat from the core of the sun, ..." と書かれています。太陽からの熱をつなぎ止めるような強い磁場があるところに黒点ができることが分かります。(B) については第 4 パラグラフの第 2 センテンスに "They produce auroras and can interfere with ... and satellites, ..." と書かれていますから、衛星を打ち上げるのは大変だ、と推測されます。(C) については第 2 パラグラフの第 2 センテンスから、温度が低いため熱の放出は少ないことが推測されます。(D) に関しては第 2 パラグラフの第 4 センテンスに、満月の記述があります。しかし、満月のときに黒点が見えるとは書かれていません。

Questions 11–20

　英語の話し手は、場所や方向、方法などの意味を伝達するために、個別の単語を使いますが、多くのネイティブアメリカンはそれとは違い、接頭辞と接尾辞を使って、各言葉の後ろと前に意味を加えることで、それらの意味を伝えます。ですから、ネイティブアメリカンの言語が、傾向として非常に無駄がないのは当然のことです。ネイティブアメリカン言語における接頭辞と接尾辞の使われ方は、種族によって大きく異なります。接辞を比較的控えめに使う種族もあれば、ほんの少しの語根しか持たず、それに接頭辞と接尾辞を追加することで、意味のある文を作る種族もいます。

　接頭辞と接尾辞の一般的な使われ方は、時制、人称、数、性別を示すことにあります。これは、その順に時制と数を表す、英語の -ed と -s の使われ方に似ています。多くのネイティブアメリカン言語、特に太平洋岸で話されている言語では、接頭辞と接尾辞は、場所の概念における複雑な区分を表すときに使われます。普通に「内」、「外」などを意味するだけでなく、これらの言語には、多くの場合、「上流」、「下流」、「森の奥深く」、「見えないところにある」、などの意味を表す接頭辞があります。

　ネイティブアメリカンの言語で、このような言語上の使い方が、別の目的で用いられるとすれば、それは何かが成されるときのやり方を描写するときです。英語の話し手が副詞や副詞的なフレーズを使って表現するところを、ネイティブアメリカンは、接辞を使用します。たとえば、「歩いて」「馬で」などの接頭辞が「行く」という動詞に加えられることで、英語の「歩いて行く」、「馬に乗って行く」などのフレーズと一致する言葉が、結果として生まれるのです。

ネイティブアメリカンの言語には、接頭辞と接尾辞を用いた方法が他にもあって、それは動作の主体、つまりその動作を行う人、ということと、動作の受け手、つまりその行動によって影響を受ける人、ということを指示するときに用いられます。上記の接辞の使用方法と併せて考えてみると、この特徴は、かなり詳細なコンセプトが1語のみで描写されることもあるということを意味しています。

11. このパッセージのメインテーマは、次のどれですか。
(A) 英語
(B) ネイティブアメリカンの言語
(C) 接頭辞
(D) 文法

正解 B

解説　パッセージ全体がネイティブアメリカンの言語体系の話です。英語と比較し、検証した内容です。(B) のネイティブアメリカンの言語が正しいです。(C) の prefix は「接頭辞」です。接頭辞だけの話ではありません。

12. 2行目の impart に最も意味が近い語は？
(A) 変える
(B) 雇う
(C) 伝達する
(D) 損なう

正解 C

解説　impart には「分け与える」という意味以外に「伝える」という意味があります。(C) の pass on は「伝達する」という意味で同義になります。語意を考える上で、"who use separate words" がキーとなります。「異なる語を用いて」ですから、「伝える」と考えるのが良いでしょう。

13. 接頭辞と接尾辞の使用を意味するのは、次のどの語ですか。
(A) 追加
(B) 節約する
(C) 接辞添加
(D) 固定

正解 C

解説　第1パラグラフの第4センテンスに "A few tribes use affixation ... only a

handful of root words to which prefixes and suffixes are added, ..." と書かれています。affixation（接辞付加）を少なめに行う部族もある一方で、語根が少なく接辞を（多くして）付けて意味を作る部族もある、という意味です。ここから、"prefix" + "suffix" ⇒ affixation と捉えてください。

14. 9行目の sparingly に最も意味が近い語は？
(A) 安全に
(B) 豊富に
(C) 滅多に〜しない
(D) 用心深く

正解 C

解説 sparingly は「かろうじて、控えめに」という意味です。(C) の rarely は「滅多に〜しない」という意味で同義語になります。(B) の profusely は、反意語です。sparingly が分かる程度に語彙力が高い方ならば、(A) の safely、(B) の profusely、(D) の cautiously は消去できます。

15. このパッセージによると、英語の接尾辞 -s は何を意味しますか。
(A) 性
(B) 時制
(C) 人称
(D) 数

正解 D

解説 英語で考えると、s は「単数形、複数形」を示します。第 2 パラグラフの第 2 センテンスに "This is similar to the English -ed and -s, which signify tense and number in that order." と書かれています。in that order は「その順番で」ですから、s はここで数を指します。

16. このパッセージによると、英語における副詞の機能は何ですか。
(A) 行為の時制を表すため
(B) 行為の位置を表すため
(C) 行為の態様を表すため
(D) 行為の主体を表すため

正解 C

解説 第 3 パラグラフの第 1 センテンスに "Another way is which ... is to describe the manner in which something is done." と書かれています。その行為がどのようにして行われたか、という意味です。(C) が簡潔に言い換えています。

Final Test

17. ネイティブアメリカンの言語における接頭辞もしくは接尾辞の意味として、このパッセージで言われていないのは、次のどれですか。

(A) 上流地域
(B) 下り坂
(C) 見えないところにある
(D) 徒歩で

正解 **B**

解説　スキミング能力が問われます。1つ1つ消去しましょう。(A) の upriver と (C) の out of sight は第2パラグラフの第4センテンスに書かれています。(D) の by walking は第3パラグラフの第3センテンスに書かれています。(B) の downhill は書かれていません。

---

18. 著者の意見は、次のコメントのどれに最も一致すると思われますか。

(A) 英語を話す人々は接頭辞や接尾辞を使いたがらない。
(B) 英語はネイティブアメリカンの言語と比べて経済的ではない。
(C) 英語はきわめて複雑な言語である。
(D) 英語を話す人々は多くの単語を使いすぎる。

正解 **B**

解説　第1パラグラフの第2センテンスに "..., Native American languages thus tend to be highly economical." と書かれています。ネイティブアメリカンの言語は非常に簡潔で無駄がないという意味です。それに比べて英語は無駄があると伝えたいのです。(C) の複雑だとは述べていませんので、選択できません。(D) の多すぎるとも伝えていません。

---

19. 31行目の agent に最も意味が近い語は？

(A) 仲裁者
(B) 代表者
(C) 交渉者
(D) 執行者

正解 **D**

解説　agent は多義語ですが、ここでは「行為者」という意味で使われています。含まれるセンテンスに "... to indicate the agent of an action, or the one that acts, ..." と書かれています。アクションを行った人です。(D) の executor は「遂行者、執行者」という意味で同義になります。

---

20. このパッセージによると、次のどれが真実ではありませんか。

(A) ネイティブアメリカンの言語はすべて、位置を示すために接頭辞もしくは接尾

辞を使用する。
(B) ネイティブアメリカンの言語はすべて、文法情報のために接辞添加を使う。
(C) ネイティブアメリカンの言語は英語よりも接頭辞もしくは接尾辞を多用する傾向にある。
(D) ネイティブアメリカンの言語は英語のセンテンスより短い傾向にある。

正解 A

解説 選択肢を1つ1つ見ましょう。(B) は第2パラグラフの第1センテンスに "A universal use of prefixes and suffixes is to indicate ..." と書かれています。これは、文法的用法を universal（共通して）行っていると言い換えられます。(C) は第1パラグラフの第1センテンスに "Unlike English speakers, ..., many Native American languages employ ..." と書かれています。英語と比べて、接辞語を多く使うのが分かります。第1パラグラフの第2センテンスに "... tend to be highly economical." と書かれています。無駄が少ないので短いことが推測可能です。(D) が消去できます。(A) に関しては第2パラグラフの第3センテンスに "Many Native American languages, ..." と書かれています。第1センテンスが universal なのに対して、many と書かれています。「all（すべての）」ではないことが推測可能です。そのため (A) が正解となります。難易度の高い問題です。

Questions 21–30

　独立から30年たった1806年、米国は17の州と西部の広大な未開地から構成されていました。独立13州は東海岸に沿って存在し残りの4州も13州に隣接していました。西部の土地は交通手段の欠如のために行き着くのも困難でした。汽車も主要道路もなく、水路の旅は航行可能な川か湖があるかどうか次第でした。その結果ニューヨーク州西部は未開拓地と見なされていました。五大湖周辺地域とルイジアナ買収でフランスから獲得した地域はさらにもっと遠隔の地でした。このルイジアナ買収で米国の面積は1803年に2倍になりました。

　ハドソン川とエリー湖を結んだのがエリー運河でした。エリー運河は1825年にニューヨーク市から五大湖に至る有力な水路となり、初めて西部地域へのアクセスを容易にしたのでした。エリー運河は人と商品を西部に運びました。また西部から東部の諸都市へ運ぶ農産物の輸送コストを95％も削減したため、農民は大量かつ安価な穀物を東部の市場に輸送し利益を上げることができるようになったのです。交易は急成長し、新規事業や製造業がニューヨーク西部に現れ、人口が急増しました。

ニューヨーク市も大きな影響を受けました。ニューヨーク市は急拡大し、港湾都市としてボストン、ボルチモア、ニューオリンズのお株を奪うに至りました。天然資源と農産物が西部からニューヨーク市を経由し、輸入機械や工業製品がニューヨーク市を経由して西部に送り込まれました。交易や輸送関係の新規ビジネスが発達し、ニューヨーク市の人口は4倍に膨らみました。ニューヨークは何千人というヨーロッパからの移民の主な受け入れ港となり、移民の多くが西部の農地を目指しました。

　つまり、エリー運河はフロンティア開拓を促進する交通手段となったのです。またそれは交易を促し、農業と工業の発展拡大を助けたのでした。

21. このパッセージのメインテーマは、次のどれですか。
(A) 五大湖の開発
(B) 米国における農業の発達
(C) ルイジアナ買収の歴史
(D) アメリカ史でのエリー運河の役割

正解 D

解説 第2パラグラフにエリー運河が1825年に開通したことが書かれています。第3パラグラフではエリー運河によってニューヨークが発展したことが書かれています。他の選択肢は主に第1パラグラフに書かれていますが、パッセージ全体を述べていません。

22. 4行目の adjoined に最も意味が近い語は？
(A) 抗議する
(B) 支持する
(C) 分離する
(D) 境を接する

正解 D

解説 adjoin は「隣接する」という意味です。正解の (D) は「面する」の意味で同義です。13州はアメリカが独立した当時の州を指します。その州に接している4州という意味となります。(C) の separate が反意語です。

23. 第1パラグラフによれば、ニューヨーク州西部はなぜ「未開拓地」（9行目）と見なされていたのですか。
(A) アメリカ人は東海岸を好んだから。
(B) 五大湖よりさらに遠隔の地にあったから。
(C) その地域を行き来する交通手段が限られていたから。

(D) フランスから獲得されたから。

正解 C

解説 第5センテンスに「ニューヨーク州の西部」は frontier（辺境地）だったと書かれています。その理由は、第3、第4センテンスに書かれています。第3センテンスには "... because of the difficulties of transportation." と書かれていますから、輸送状況が悪かったのです。

24. 17行目の it は何を指していますか。
(A) エリー運河
(B) 完璧な水路
(C) ニューヨーク市
(D) 五大湖

正解 A

解説 it が含まれる文の構造を見ましょう。"It carried people and products west, and, because it ..." と書かれています。文頭の It は同じ it であることが分かります。前文の主語になります。しかし、前文も It から始まります。これは、it is ～ that 構文です。意味上の主語は「～」になります。それが、the Erie Canal です。

25. 20行目の soared に最も意味が近い語は？
(A) 減少した
(B) 弱まった
(C) 増大した
(D) 制圧した

正解 C

解説 "Trade soared." はどんな意味ですか。「交易が拡大した」の意味になります。エリー運河によってさまざまなビジネスがニューヨーク州西部で拡大したことが続く文に書かれています。(A) の decrease は反意語。(B) の subside も反意語になります。

26. 第2パラグラフによれば、このパッセージから次のどれが推察できますか。
(A) エリー運河は農産物の流通コストを増加させた。
(B) 西部は低コストで農産物を作った。
(C) エリー運河はエリー湖から五大湖までの部分的なネットワークにすぎなかった。
(D) 西部の農民は貧困化した。

正解 B

解説 第2パラグラフにはエリー運河の恩恵が書かれています。第2センテンスには輸送コストが下がり、農家は価格の低い穀物に利益を乗せて輸送できたと書かれてい

ます。そのため、(B) を直接選択して構いません。(A) は輸送コストが上がったと書いていますから、誤り。(D) も西部の農家は利益を上げることができたわけですから、誤り。第1センテンスには "..., that provided a complete waterway ..." と書かれていますから、(C) も誤りです。

---

27. 23行目の profoundly に最も意味が近い語は？
　(A) どちらかといえば
　(B) 強烈に
　(C) うわべは
　(D) ほんのわずかに

正解 B

解説 profoundly は「大いに」という意味です。(B) の intensely は「強烈に」という意味で同義になります。(A) の rather、(C) の superficially、(D) の marginally は、いずれも反意語になっています。

---

28. 第3パラグラフによれば、ニューヨーク市について何が推察できますか。
　(A) 港湾都市としてニューオリンズによって追い越された。
　(B) 急激な経済成長を経験した。
　(C) 既存ビジネスの成長の勢いをそいだ。
　(D) 天然資源を取引しなかった。

正解 B

解説 第3パラグラフの第2センテンスに "It rapidly grew and took preeminence over Boston, Baltimore, and New Orleans as a port." と書かれています。preeminence は「卓越」することで、ボストンや、バルティモア、ニューオリンズを凌駕したのが分かります。(A) はニューオリンズに凌駕される、と逆になります。(C) の (当時) 現存するビジネスに関しては書かれていません。(D) については第3センテンスに "Natural resources and agricultural products ..." と書かれていますから、間違いです。(B) の経済発展をしたことは容易に想像できます。

---

29. 35行目の fostered に最も意味が近い語は？
　(A) 促進した
　(B) 始めた
　(C) 変化させた
　(D) 妨げた

正解 A

解説 foster は「促進する」という意味です。(A) の promote が同義語です。(C) の alter と (D) の discourage は、反意語になります。promote が分からない場合には

(B) を選択する可能性もあるでしょう。しかし、promote は必須単語の1つです。

30. 次のうち、エリー運河建設の結果ではないものはどれですか。
　　(A) 西部は農産物を容易に輸送できるようになった。
　　(B) エリー湖はヨーロッパからの移民の主要な受け入れ港になった。
　　(C) ニューヨーク市の人口が急増した。
　　(D) 商品輸送コストをかなり引き下げた。

正解 B

解説 第2パラグラフの第2センテンスから、西部が農産物を発送できたことが分かります。(A) は消去できます。第3パラグラフの第4センテンスに "... and the population of New York City quadrupled." から人口が増えたことが分かりますから、(C) も消去できます。第2パラグラフの第2センテンスに "..., because it cut the cost of shipping agricultural products ..." と書かれています。輸送費の削減が起こったのです。(D) を消去できます。第3パラグラフの第5センテンスには "New York became the main port of entry ..." と書かれ、ヨーロッパからの移民の入港地としてニューヨークが栄えたことが分かります。しかし、エリー湖が入港地として栄えたとは書かれていません。そのため、(B) は誤りです。

■ Questions 31–40

　　ミュージカルというジャンルは20世紀に生まれましたが、そのルーツは、はるか19世紀のオペレッタ、パントマイム、ボードビルなどの劇場用の歌曲にさかのぼります。なぜミュージカルは全世界的に人気があり、広くさまざまな社会、経済グループにアピールするのかについて、明確な答えを出すことは困難です。娯楽として受け入れられてきた従来の多くの芸術形態とは異なり、ミュージカルはどの人にとっても近づきやすいものなのです。これには、本質的に異なるものであるオートメーション化やバックミュージックのように、複雑で絡み合った要素がたくさん考えられます。

　　20世紀に社会経済的な範囲の広がったことが、ミュージカルが今日あるような成功を収めるようになったことの説明になります。オートメーション化が進み、労働組合が次々と結成された結果、平均的労働者の余暇時間が大幅に増え、彼らは一般的にそれまでと同じか、実質今まで以上に上がった給与を有効に利用できるようになりました。多数の若いオペレッタの作曲家がヨーロッパから米国に移住したことによって、アメリカスタイ

ルのユニークなオペレッタが上演されるようになりました。これがおそらく、19世紀の演劇と20世紀のミュージカルの橋渡しの役割を果たしています。

　ミュージカルの幅広い魅力を探るときには、現代ミュージカルそのもののスタイルを考慮する必要があります。バックミュージックなどのテクニックができたことによって、ダイアローグや動きが中心となり、音楽は単にバックグラウンドとして使われるようになりました。『ショーボート』の例に見られるように、人気のある小説からミュージカルへの筋書きの書き直しが行われます。音楽とそれに伴う言い回しが簡潔化され、現代風になったことが、このジャンルの大衆化につながりました。

　時代とともに、ミュージカルは時事問題や政治からしばしば筋書きの着想を得、よりシリアスになることで、時代と歩調を合わせてきました。『キャンディード』(1956) は、風刺小説を原作としたボルテールのミュージカルバージョン。『ウエストサイド物語』はシェークスピアの『ロミオとジュリエット』の現代版で、ニューヨークのギャングの暴力沙汰に焦点が当てられています。これらのミュージカルが、空想的な設定や出来事に基づいた19世紀の先駆的な作品に比べ、より大きな魅力があることは特に驚くべきことでもありません。

31. このパッセージのタイトルとして最もふさわしいと思われるのは、次のどれですか。
(A) ミュージカルの歴史
(B) ミュージカルのコンテンツ
(C) ミュージカルの政治性
(D) ミュージカルの人気

正解 D

解説　第1パラグラフではミュージカルの歴史、第2パラグラフでは原因、第3パラグラフではスタイル、そして、第4パラグラフでは多様性を述べています。全体に共通するのは、「どのようにして人気を得るようになったか」です。このことを表しているのが (D) となります。

32. このパッセージによると、最もよくボードビルを説明しているのは、次のどれですか。
(A) 有名な劇場の名前である。
(B) 19世紀のミュージカルの様式である。

(C) 19世紀のオペレッタの様式である。
(D) 舞台作品の様式である。

正解 D

解説 第1パラグラフの第1センテンスに "... and vaudeville theatrical strains of the 19th century." と書かれています。劇場で行われたと書かれています。すなわち (D) の staged production です。なお strain には名詞では「緊張、張力」などの意味の他に「血統、流れ」の意味があります。

33. 9行目の interwoven に最も意味が近い語は？
(A) 簡潔な
(B) 正統的な
(C) 結びついた
(D) 独立した

正解 C

解説 interwoven は「織り交ぜる」という意味です。"a number of complex and interwoven factors" は、「多くの複雑な絡み合った要因」という意味になります。complex（複雑な）に続くわけですから、(A)、(B)、(D) は反意語に近くなり、選択できません。(C) の connected が正解になります。

34. 第1パラグラフによれば、オートメーションとバックミュージックはどのような関係にありますか。
(A) 両者は似ている。
(B) 両者は調和しない。
(C) 両者は類似している。
(D) 両者は見分けがつかない。

正解 B

解説 第1パラグラフの最終センテンス "... as disparate as automation and underscoring." の意味を探る質問です。disparate は「本質的に異なる」という意味です。ですから (B) の incongruent（調和しない）が正解となります。次に、消去法で考えましょう。alike, comparable, indistinguishable はほぼ同義になります。(B) の incongruent だけが異なっています。

35. 16行目の them は何を指していますか。
(A) 労働組合
(B) 余暇時間の増加
(C) 平均的労働者
(D) 実質条件

正解 C

解説 動詞の目的格の代名詞が指す名詞は通常その前にあります。ここでは「何（誰）」が "a similar or even higher salary" を enjoy したかを考えると、自然に「人」であることが分かります。ですから、ためらわずに (C) を選択してください。

---

36. 22行目の comprehensive に最も意味が近い語は？
   (A) 包括的な
   (B) 分かりやすい
   (C) 理解できる
   (D) 継続する

正解 A

解説 正解の (A) inclusive は「包括的な、含まれる」という意味を持ちます。comprehensive（包括的な）と同義になります。直接選択してください。なお、間違えやすいのは comprehensible（理解できる、意味の明瞭な）という語です。「包括できる」という語義も持ちますが、通常は「理解できる」という語義で使われます。

---

37. このパッセージによると、ミュージカルについて正しいことを言っているのは、次のどれですか。
   (A) 初期の演劇形式とははっきり異なる。
   (B) 19世紀の産物である。
   (C) 限定的影響力を持っている。
   (D) 主にファンタジーに基礎を置いている。

正解 A

解説 第2パラグラフの最終センテンスで "..., which perhaps bridged the gap between 19th century theatre and the 20th century musical." と書かれています。19世紀の劇場での演目と20世紀に現れたミュージカルのギャップを埋めたのがオペレッタです。このことから、(B) の19世紀の upshot（結末、成果）は、消去できます。また、第1パラグラフの第2センテンスに "..., appealing to such a large diversity of social and economic groups." と書かれています。このため、(C) の「限定的な影響力」は消去できます。第4パラグラフの第1センテンスには "..., musicals adapted to the times by becoming more serious, ..." と述べられています。(D) の fantasy 中心という選択肢は誤りだと分かります。このように、消去法で (A) が選択できます。

---

38. ミュージカルが人々に受ける理由として挙げられていないのは、次のどれですか。
   (A) 海外移住者
   (B) 単純化
   (C) 集中性

(D) 同時代性

正解 C

解説 すべてのパラグラフを読みこなさないといけません。この場合には1つ1つ選択肢を消去していくのが良いでしょう。第2パラグラフの最終センテンスで、emigration（移住）が書かれていますから、(A)が消去できます。第3パラグラフでは最終センテンスに"... the simplification and modernization ..."が書かれていますから(B)が消去できます。第4パラグラフの第1センテンスに"..., often using current events and politics ..."と書かれていますから、(D)のcontemporariness（その時代の同時性）が述べられています。(C)のcentrality（集中性、一点に集まること）と考えるより「ミュージカルは多様性とflexibility（柔軟性）を持っている」と考えた方が良いでしょう。

39. underscoring とは何ですか。
(A) 1つのシーンの中で音楽を使わないこと
(B) 1つのシーンの中心場面に対する伴奏として音楽を使うこと
(C) 1つのシーンの中心場面として音楽を使う
(D) 1つのシーンで音楽だけを使うこと

正解 B

解説 第3パラグラフの第2センテンスで"..., and music is used merely as background ..."と書かれています。つまり、BGMとして使われるとしています。(B)のaccompaniment（伴奏）という語が分かれば解ける問題です。

40. このパッセージによると、ミュージカルの舞台をニューヨークに設定したのは、次のどれですか。
(A)『ショーボート』
(B)『キャンディード』
(C)『ウエストサイド物語』
(D)『ロミオとジュリエット』

正解 C

解説 これを落とすともったいないです。第4パラグラフの第2センテンスで"..., focused on gang violence in New York."とはっきり書かれています。

Questions 41–50

著名なロシア人生理学者、イワン・パブロフは犬の消化を研究している最中に、条件反射に気付きました。唾液分泌の割合を研究していたとき、

Final Test

　パブロフは、彼の助手が部屋に入ってくると犬が唾液を分泌するか、唾液を作り始めることに気が付いたのです。犬は実際に餌を与えられる前に唾液を分泌していました。唾液分泌は餌に対する自動的で不随意反射でした。しかしこの場合、唾液分泌は餌によって引き起こされたのではありません。それは、助手が部屋に入ってくるという中性刺激によって引き起こされました。犬は助手の入室と餌を結び付けることを学んだのです。犬は助手がやってくるのを見て唾液を分泌しました。

　パブロフはこの種の学習反応を研究し始めました。餌は唾液分泌の自動的な、つまり無条件の刺激でした。そして唾液分泌は無条件反射でした。パブロフは、自動的に唾液分泌を促すことのない中性刺激を与えた直後に餌を与えました。非常に有名になったこの刺激はベルでした。餌を与える前にベルを鳴らしたのです。実験のたびに、パブロフはベルを鳴らし、それから犬に餌を与えたのです。何回もそうした後、犬は彼がベルを鳴らした後、唾液を分泌しました。ベルを鳴らすということは、以前は中性刺激でしたが、条件刺激になり、唾液分泌を引き起こした、つまり条件反射になったのです（全く反応のない状態に代わって）。

　パブロフはさらに実験を重ねました。彼はベルを鳴らし犬が唾液分泌した後、犬に餌を与えるのをやめました。この条件を何回も繰り返すと、犬はパブロフがベルを鳴らしても唾液を分泌しなくなりました。条件反射の消滅は反射の消去と呼ばれています。しかし、消去の後、再びベルを鳴らし、犬に餌を与えると、犬は再びベルが鳴ったとき唾液を分泌しました。これをパブロフは自発的回復と呼びました。

41. このパッセージのメインテーマは、次のどれですか。
(A) 犬の唾液の分泌量
(B) ある行動の刺激
(C) 犬の訓練
(D) ベルの製造

正解 B

解説　正解の (B) の解釈が困るかもしれません。「ある行動の刺激」つまり、a conditioned reflex（条件反射）のことを指しています。(A) はパブロフが実験を始めた動機ですが、彼が気付いたづいたのが条件反射です。梅干しという言葉を「聞いただけで」よだれが出る、というのが条件反射です。

42. 7行目の involuntary に最も意味が近い語は？
(A) 意図された
(B) 専門の
(C) 進んで
(D) 意図しない

正解 D

解説 involuntary reflex は「不随意の反射運動（無条件反応）」を言います。自分では制御できない反射運動です。梅干しを「食べると」よだれが出る、という反射なのです。正解の unintentional は「故意ではない」という意味です。(A) の intended と (C) の willing は反意語です。

43. 第1パラグラフによれば、パブロフが「条件反射」に最初に気付いたのはいつですか。
(A) パブロフが犬に餌を与えたとき
(B) パブロフが部屋に入ったとき
(C) パブロフが、助手が部屋に入ってくるのを見たとき
(D) パブロフが犬から餌トレーを取り上げたとき

正解 C

解説 第1パラグラフの第2センテンスに "..., when his assistant entered the room." と書かれています。(C) が正解になります。この設問は第1パラグラフを読むだけですみますから、ボーナス問題と考えてください。

44. 8行目の it が指すのは？
(A) 餌
(B) 唾液分泌
(C) 自動的な不随意反射
(D) 中性刺激

正解 B

解説 文頭の代名詞は、前文の主語の場合が多いです。この場合でも前文の主語になっています。

45. 13行目の learned に最も意味が近い語は？
(A) 学問的な
(B) 自然な
(C) 獲得された
(D) 博識な

Final Test

正解 C

解説 learned は「学習した」の意味です。正解の acquired も「習得した、後天的な」という意味です。難易度が高いのが (D) の erudite (博識な) でしょう。一般的には同義語なのですが、ここでは文意上の同義語ではありません。

---

46. 第2パラグラフによれば、犬がベルを聞いたとき、なぜ犬は唾液を分泌したのですか。

(A) ベルは中性刺激だったから
(B) ベルは餌の到着の合図になったから
(C) ベルは食欲を高めるから
(D) ベルはイワン・パブロフの登場の合図になったから

正解 B

解説 第2パラグラフでは条件反射について説明しています。ベルが「食事のシグナル」になって、犬が唾液分泌をすることが分かります。ベル自体は続く刺激がなければ意味を持たないのですが、必ず食事が来ることで刺激になるのです。そのことを、第7センテンスの "Ringing the bell, a previously neutral stimulus, had become a conditioned stimulus, ..." で説明しています。

---

47. 24行目の elicited に最も意味が近い語は?

(A) 排除する
(B) 引き起こす
(C) 延期する
(D) 飲み込む

正解 B

解説 elicit は「引き出す、誘い出す」という意味です。salivation (唾液分泌) をどうしたのか、を考えてください。(B) の bring about は重要な熟語ですので、覚えてください。

---

48. 犬はベルが鳴らされた後、何度も餌を与えられないと、どういうことが起こりますか。

(A) 犬はベルを聞いたときに唾液を分泌しなくなった。
(B) 犬はベルを聞いたときに激しくほえた。
(C) 犬はベルを聞いた後に唾液を分泌し続けた。
(D) 犬はベルを聞いた後に餌を食べなくなった。

正解 A

解説 第3パラグラフで説明されています。第2パラグラフで獲得した「条件反射」が止まってしまいます。第3センテンスの "After this situation was repeated a number of times, the dogs stopped salivating …" (何度も繰り返されると、犬は唾液分泌をやめる) と書かれています。

49. 35行目の spontaneous recovery について、このパッセージから推察できるのは次のどの記述ですか。

(A) 容易に回復される。
(B) 多くの訓練を要する。
(C) 付随的反応である。
(D) 中性刺激である。

正解 A

解説 spontaneous recovery（自発的回復）は、1度覚えた条件反射は「すぐに回復する」という行動です。(A) では repossess（再び手に入れる）という単語を使い、選択肢を難しく見せています。第3パラグラフの第5センテンスで "…, they would again salivate when he rang it, …" と書かれています。easily かどうかは別として、(B) のようにトレーニングする必要はないのです。また、(C) と (D) は「無条件反応」と「刺激」をそれぞれ指しています。

50. 次の用語のうち、どれがこのパッセージで定義されていますか。

(A)「消化」（3行目）
(B)「自動的、付随的反射」（6〜7行目）
(C)「中性刺激」（17行目）
(D)「自発的回復」（35行目）

正解 D

解説 難易度が高いです。どの部分を定義とするかを悩むと思います。(D) のヒントは、最終センテンスの "…, a situation which he called spontaneous recovery." の which he called で「彼は〜と呼んだ」。このことにより定義をした、と考えてください。

重要単語リスト

本書で使われた語義に近いものを抜粋しました。なお、同義語選択問題で使われたものは除いてあります。

なお、品詞は覚えやすいものに変えている場合があります。

Set 1 は Primary、Set 6 は Final です。

番号	SET	PASSAGE	単・熟語	品詞	語義
1	1	1	pollination	名	受粉
2	1	1	revenue	名	収入
3	1	1	mature	動	成熟する
4	1	1	nectar	名	果汁
5	1	1	larvae	名	(複数形) 幼虫
6	1	1	threaten	動	脅かす
7	1	1	colony	名	コロニー、植民地
8	1	1	pesticide	名	農薬
9	1	2	expediency	名	便利さ
10	1	2	consist of 〜	熟	〜からなる
11	1	2	insulate	動	(熱などを) 遮断する
12	1	2	ventilation	名	換気
13	1	2	nomadic	形	遊牧の
14	1	2	tribe	名	部族
15	1	2	sedentary	形	定住の
16	1	2	stationary	形	定住した
17	1	2	hide	名	毛皮
18	1	2	elaborate	形	手の込んだ
19	1	3	impression	名	印象
20	1	3	engender	動	生じさせる
21	1	3	proclaim	動	宣言する
22	1	3	supremacy	名	優越性
23	1	3	reproduce	動	再現する
24	1	3	apply paint	熟	絵の具を塗る
25	1	3	composition	名	構図

153

番号	SET	PASSAGE	単・熟語	品詞	語義
26	1	3	spontaneous	形	自然な、伸び伸びした
27	1	3	antiquity	名	古いもの
28	1	3	depict	動	描く
29	1	4	patron	名	後援者
30	1	4	sculptor	名	彫刻家
31	1	4	contemporary art	名	現代芸術
32	1	4	fortunate	形	幸運な
33	1	4	Great Depression	名	世界大恐慌
34	1	4	cutting edge	名	最前線
35	1	5	originate in 〜	熟	〜に起源する
36	1	5	commodity	名	商品
37	1	5	primitive	形	原始的な
38	1	5	refined	形	洗練された
39	1	5	extensively	副	広く
40	1	5	be credited with 〜	熟	〜に功績があると思われている
41	1	5	branded	形	印のついた
42	1	5	fiat money	名	法定不換紙幣
43	1	5	decree	動	（法などで）定める
44	1	5	constituent	名	構成物
45	2	1	salinity	名	塩分濃度
46	2	1	fluctuate	動	変動する
47	2	1	markedly	副	著しく
48	2	1	evaporation	名	蒸発
49	2	1	precipitation	名	降雨
50	2	1	be made up of 〜	熟	〜から成る
51	2	1	corresponding	形	対応する
52	2	1	incidence	名	発生（率）
53	2	1	expanse	名	広がり
54	2	1	be constituted of 〜	熟	〜から構成される
55	2	1	a trace of 〜	熟	少量の〜
56	2	1	oceanographer	名	海洋学者

番号	SET	PASSAGE	単・熟語	品詞	語義
57	2	1	current	名	海流、潮流
58	2	2	astronomer	名	天文学者
59	2	2	infrared light (rays)	名	赤外線
60	2	2	ultraviolet light (rays)	名	紫外線
61	2	2	flaw	名	欠陥
62	2	2	launch	動	打ち上げる
63	2	2	defective	形	欠陥のある
64	2	2	astronomical	形	天文学の
65	2	3	manifold	形	種々の、多くの
66	2	3	convert	動	変換する
67	2	3	absorption	名	吸収
68	2	3	fatal	形	致死の
69	2	3	conclusively	副	決定的に
70	2	3	ailment	名	病気
71	2	3	inflammation	名	炎症
72	2	3	give rise to 〜	熟	〜を生じさせる
73	2	3	pigment	名	色素
74	2	3	adversely	副	逆に、不利に
75	2	3	incurable	形	不治の
76	2	3	retina	名	網膜
77	2	4	mammal	名	哺乳類
78	2	4	blubber	名	（クジラなどの）脂身
79	2	4	waterproof	形	防水の
80	2	4	groom	動	毛づくろいをする
81	2	4	conserve	動	（資源などを）保存する
82	2	4	hind	形	後ろの
83	2	4	weasel	名	イタチ
84	2	4	nostril	名	鼻の穴
85	2	4	propulsion	名	推進（力）
86	2	4	palm	名	手のひら
87	2	4	prey	名	獲物、餌

番号	SET	PASSAGE	単・熟語	品詞	語義
88	2	4	pluck	動	つまみとる
89	2	4	snail	名	巻き貝
90	2	4	kelp	名	コンブなどの大型の海藻
91	2	4	swallow	動	飲み込む
92	2	4	mussel	名	ムラサキガイ
93	2	4	twist	動	ねじる
94	2	4	shellfish	名	貝
95	2	4	clam	名	二枚貝
96	2	5	bill	名	クチバシ
97	2	5	fur	名	毛皮
98	2	5	pore	名	穴
99	2	5	heel	名	かかと
100	2	5	fake	名	模造品
101	2	5	feed	動	食事をする
102	2	5	scoop	動	すくい上げる
103	2	5	burrow	名	（キツネなどの）穴
104	2	5	mate	動	交尾する
105	2	5	predator	名	捕食者
106	2	5	humidity	名	湿気
107	2	5	reptile	名	爬虫類
108	2	5	incubate	動	孵化させる
109	3	1	rehabilitation	名	復権
110	3	1	serpent	名	ヘビ
111	3	1	status	名	地位
112	3	1	biological	形	生物学的
113	3	1	aesthetic	形	美の
114	3	1	polar zone	名	極地
115	3	1	lizard	名	トカゲ
116	3	1	trait	名	特徴
117	3	1	keen	形	鋭い
118	3	1	compensate	動	（欠点などを）埋め合わせる

番号	SET	PASSAGE	単・熟語	品詞	語義
119	3	1	odor-detector	名	匂い検知器
120	3	1	distinguish	動	識別する
121	3	1	equivalent	名	同等物
122	3	1	stereoscopic vision	名	立体視野
123	3	1	accidental	形	偶然の、事故の
124	3	1	toll	名	死傷者
125	3	2	sweep	動	（流行などが）荒れ狂う
126	3	2	promise	名	保証、約束
127	3	2	panacea	名	万能薬
128	3	2	athletic	形	体育の
129	3	2	immunity	名	免疫(性)
130	3	2	substance	名	物質
131	3	2	harmful	形	有毒の
132	3	2	germane	形	適切な
133	3	2	nutrition	名	栄養(学)
134	3	2	prevent	動	妨げる
135	3	2	ominous	形	不吉な
136	3	2	namely	副	すなわち
137	3	2	longevity	名	長寿
138	3	2	nourish	動	滋養物を与える
139	3	2	pregnant	形	妊娠した
140	3	3	therapy	名	療法
141	3	3	cognitive	形	認知の
142	3	3	disorder	名	疾患、障害
143	3	3	institution	名	（病院などの）公共施設
144	3	3	facility	名	施設、設備
145	3	3	extraordinary	形	風変わりな、異常な
146	3	3	worship	名	崇拝
147	3	3	practitioner	名	療法士、開業医
148	3	3	psychology	名	心理(学)
149	3	3	symptom	名	症状

番号	SET	PASSAGE	単・熟語	品詞	語義
150	3	3	depression	名	うつ
151	3	3	introversion	名	内向性
152	3	3	mania	名	躁病
153	3	4	proof	形	耐えられる、負けない
154	3	4	entrepreneur	名	起業家
155	3	4	devise	動	工夫する、考案する
156	3	4	manipulate	動	巧みに操る
157	3	4	retailer	名	小売店
158	3	4	middleman	名	仲介人
159	3	4	geographical	形	地理的
160	3	4	transaction	名	取引
161	3	4	purchase	動	購入する
162	3	5	numerous	形	多くの
163	3	5	genre	名	ジャンル、様式
164	3	5	recur	動	繰り返される
165	3	5	filmmaker	名	映画制作者（会社）
166	3	5	glorious	形	栄光ある
167	3	5	culminate	動	最高点に達する
168	3	5	highlight	動	際立たせる
169	3	5	disastrous	形	悲惨な
170	3	5	tactics	名	戦術
171	3	5	fatality	名	死傷者
172	3	5	loophole	名	抜け穴
173	3	5	irreversible	形	取り消すことができない
174	3	5	plot	名	陰謀
175	3	5	in earnest	熟	真剣に
176	3	5	trace	動	（足取りを）たどる
177	4	1	slanting	形	斜めの
178	4	1	liberty	名	自由
179	4	1	slave	名	奴隷
180	4	1	icon	名	象徴的なもの

番号	SET	PASSAGE	単・熟語	品詞	語義
181	4	1	class	名	（社会的な）階級
182	4	1	minimal	形	最小限度の
183	4	1	distinctive	形	特色のある
184	4	1	functional	形	実用的な、機能本位の
185	4	1	stiff	形	硬い
186	4	1	laborer	名	（力仕事をする）労働者
187	4	1	steep	形	急勾配の
188	4	1	rekindle	動	再び元気づける
189	4	2	prehistory	名	先史（時代）
190	4	2	sophisticated	形	洗練された、進んだ
191	4	2	archeological	形	考古学の
192	4	2	elusive	形	つかまえどころのない、分かりにくい
193	4	2	account for	熟	説明する
194	4	2	perplexing	形	込み入った、当惑させる
195	4	2	sheer	形	険しい
196	4	2	improbable	形	ありそうもない
197	4	2	spiritual	形	精神上の
198	4	2	contend	動	論争する
199	4	2	ferocious	形	すごい、残忍な
200	4	2	notion	名	考え方
201	4	2	upheaval	名	動乱
202	4	2	abandonment	名	放棄
203	4	3	ritual	名	儀式
204	4	3	implant	動	植え付ける
205	4	3	inextricable	形	ほどけない、分離できない
206	4	3	entwine	動	絡ませる
207	4	3	myth	名	神話
208	4	3	infallible	形	絶対に誤りのない
209	4	3	landscape	名	風景
210	4	3	recount	動	物語る

番号	SET	PASSAGE	単・熟語	品詞	語義
211	4	3	tale	名	物語
212	4	3	chaotic	形	混沌とした、無秩序の
213	4	3	flood	名	洪水
214	4	3	enrage	動	激怒させる
215	4	3	slaughter	動	(動物を) 屠殺する
216	4	3	bring about	熟	生じさせる
217	4	4	emerge	動	現れる
218	4	4	in response to ~	熟	~に応えて
219	4	4	regulation	名	規則
220	4	4	job security	名	雇用保障
221	4	4	foster	動	促進させる
222	4	4	lifespan	名	寿命
223	4	4	unskilled worker	名	未熟練労働者
224	4	4	foundation	名	設立
225	4	4	detonate	動	爆発させる
226	4	4	exclusion	名	除外
227	4	4	collective bargaining	名	団体交渉
228	4	4	confrontation	名	対立
229	4	4	predominantly	副	圧倒的に
230	4	5	convention	名	会議
231	4	5	take place	熟	起こる
232	4	5	abolitionist	名	奴隷廃止論者
233	4	5	declaration	名	宣言
234	4	5	voting right	名	投票権
235	4	5	eminent	形	高名な、著名な、地位の高い
236	4	5	suffrage	名	投票権
237	4	5	grant	動	認める
238	4	5	privilege	名	特権
239	4	5	notable	形	注目に値する
240	4	5	interpret	動	解釈する
241	4	5	persuade	動	説得する

番号	SET	PASSAGE	単・熟語	品詞	語義
242	5	1	shore	名	海岸
243	5	1	harbor	名	港
244	5	1	Pilgrim	名	巡礼者、ピルグリム
245	5	1	settle	動	定住する
246	5	1	exploration	名	探検
247	5	1	departure	名	出発
248	5	1	disembark	動	下船する、上陸する
249	5	1	compile	動	編纂する、作り上げる
250	5	1	endorse	動	賛成する、裏書きする
251	5	1	enact a law	熟	法律を制定する
252	5	1	settlement	名	植民地
253	5	1	constitution	名	憲法
254	5	1	Puritan	名	清教徒
255	5	1	devout	形	敬虔な
256	5	1	submission	名	服従
257	5	1	purify	動	清める
258	5	1	indistinguishable	形	見分けがつかない
259	5	1	misconception	名	誤った考え、誤解
260	5	1	gratitude	名	感謝の念
261	5	1	harvest	名	収穫
262	5	1	fairly	副	かなり
263	5	2	indigenous	形	先住の、土着の
264	5	2	inhabitant	名	居住者
265	5	2	tribute	名	賛辞、ささげ物
266	5	2	reign	動	統治する
267	5	2	descendant	名	子孫
268	5	2	feudal system	名	封建制度
269	5	2	subservient	形	従属する
270	5	2	noble	名	貴族
271	5	2	consciousness	名	意識
272	5	2	immigrant	名	移民

番号	SET	PASSAGE	単・熟語	品詞	語義
273	5	2	generation	名	世代
274	5	2	egalitarian	形	平等主義の
275	5	2	assimilation	名	(他の習慣などへの) 同化
276	5	2	virtually	副	事実上、ほとんど
277	5	2	derivative	名	派生物
278	5	3	stagecoach	名	駅馬車
279	5	3	contract	動	契約する
280	5	3	vehicle	名	乗り物
281	5	3	transportation	名	輸送
282	5	3	haul	動	輸送する
283	5	3	eventual	形	結果として起こる
284	5	3	extend	動	拡張する
285	5	3	luggage	名	手荷物
286	5	3	victim	名	犠牲者
287	5	3	merely	副	単に〜にすぎない
288	5	3	transcontinental railroad	名	大陸横断鉄道
289	5	4	disagreement	名	意見の相違
290	5	4	unemployed	形	失業した
291	5	4	unoccupied	形	占有されていない
292	5	4	plantation	名	大規模な農園
293	5	4	oppose	動	反対する
294	5	4	secede	動	脱退する、分離する
295	5	4	applicant	名	応募者
296	5	4	free	動	自由の身にする
297	5	4	homesteader	名	(自作農場を持つ) 入植者
298	5	4	file	動	提出する
299	5	4	speculator	名	投機家
300	5	4	bribery	名	わいろ、贈賄
301	5	5	quadruple	動	4倍になる
302	5	5	cemetery	名	共同墓地

番号	SET	PASSAGE	単・熟語	品詞	語義
303	5	5	undertaking	名	事業、仕事
304	5	5	replace	動	取り換える
305	5	5	topsoil	名	（土壌の）表土
306	5	5	transplant	動	移植する
307	5	5	maintenance	名	補修管理、整備
308	5	5	mayor	名	市長
309	5	5	appoint	動	任命する
310	5	5	vision	名	未来像、ビジョン
311	5	5	extensive	形	広範囲にわたる
312	6	1	temporarily	副	一時的に
313	6	1	approximately	副	おおよそ
314	6	1	precaution	名	用心
315	6	1	magnetic field	名	磁場
316	6	1	restrict	動	制限する
317	6	1	nuclear fusion	名	核融合
318	6	1	in comparison to ~	熟	~と比べて
319	6	1	satellite	名	衛星
320	6	2	prefix	名	接頭辞
321	6	2	suffix	名	接尾辞
322	6	2	convey	動	伝える
323	6	2	economical	形	節約の
324	6	2	affixation	名	接辞添加
325	6	2	universal	形	共通の、普遍的な
326	6	2	complex	形	複雑な
327	6	2	linguistic	形	言語の
328	6	2	adverb	名	副詞
329	6	2	phrase	名	（2語以上から成る）句
330	6	2	outline	動	概説する
331	6	2	detailed	形	詳細な
332	6	3	remote	形	遠方の
333	6	3	waterway	名	水路、運河

番号	SET	PASSAGE	単・熟語	品詞	語義
334	6	3	bulky	形	かさばった
335	6	3	spring up	熟	現れる
336	6	3	preeminence	名	卓越さ
337	6	3	machinery	名	機械
338	6	3	facilitate	動	促進する
339	6	3	frontier	名	西部辺境、フロンティア
340	6	4	vaudeville	名	ボードビル（劇場で行う歌や踊りなど）
341	6	4	strain	名	種族、系統
342	6	4	ascertain	動	確かめる
343	6	4	a diversity of ～	熟	種々の～
344	6	4	disparate	形	本質的に異なる
345	6	4	underscore	動	背景音楽を与える
346	6	4	spectrum	名	範囲、領域
347	6	4	shed light on ～	熟	～を明らかにする
348	6	4	composer	名	作曲家
349	6	4	centerpiece	名	最も重要な物
350	6	4	exemplify	動	例示する
351	6	4	inspiration	名	うまい思いつき、インスピレーション
352	6	4	satirical	形	風刺の
353	6	4	hardly	副	ほとんど～でない
354	6	4	forerunner	名	先駆者
355	6	5	physiologist	名	生理学者
356	6	5	saliva	名	唾液
357	6	5	investigate	動	研究する
358	6	5	stimulus	名	刺激
359	6	5	reflex	名	反射
360	6	5	unconditioned	形	無条件の
361	6	5	response	名	反応
362	6	5	conditioned	形	条件の
363	6	5	eliminate	動	除去する
364	6	5	extinction	名	終息、断絶

解答一覧

セット	Primary	Test 2	Test 3	Test 4	Test 5	Final
1	B	C	C	D	B	D
2	B	B	A	A	C	A
3	D	B	D	C	A	D
4	A	D	A	C	B	B
5	D	B	A	A	C	B
6	B	D	D	C	B	B
7	A	C	D	D	A	C
8	D	A	A	B	C	D
9	C	A	A	D	B	C
10	A	A	C	B	A	A
11	A	D	D	C	C	B
12	B	A	C	B	B	C
13	C	B	B	A	C	C
14	B	D	D	B	D	C
15	A	A	B	C	B	D
16	D	D	A	B	B	C
17	C	D	C	B	A	B
18	B	C	D	A	B	B
19	C	C	A	C	B	D
20	C	B	D	C	C	A
21	B	C	D	D	A	D
22	C	C	B	B	D	D
23	D	D	A	D	B	C
24	D	C	D	C	B	A
25	A	D	B	A	A	C
26	A	B	B	D	A	B
27	A	A	D	C	B	B
28	C	B	D	A	C	B
29	B	D	D	B	D	A
30	C	A	C	B	B	B
31	C	A	A	B	C	B
32	A	B	C	D	B	D
33	B	C	A	A	B	C

セット	Primary	Test 2	Test 3	Test 4	Test 5	Final
34	D	B	C	C	A	B
35	D	D	D	A	D	C
36	D	B	B	A	D	A
37	A	C	C	D	D	A
38	C	B	B	C	C	C
39	D	A	D	C	B	B
40	B	C	C	C	D	C
41	B	A	C	C	C	B
42	B	D	B	B	A	D
43	D	C	D	B	B	C
44	B	D	A	C	D	C
45	B	B	B	C	D	C
46	B	B	C	A	D	B
47	B	A	B	C	C	B
48	A	C	A	B	C	A
49	C	A	C	D	C	A
50	C	B	C	A	D	D
試験日	月　日	月　日	月　日	月　日	月　日	月　日
時間	分	分	分	分	分	分
点数						

● 55分で解いた場合の点数の目安

正答数	点数目安	正答数	点数目安
48-50	64-67	24-29	47-50
45-47	61-63	21-23	44-46
42-44	58-60	18-20	41-43
39-41	56-58	15-17	37-40
36-38	54-55	12-14	31-36
33-35	52-53	0-11	31
30-32	50-52		

● 著者紹介

神部　孝　Kambe Takashi

かんべ英語塾主宰。米国Yale大学School of Management卒、MBA取得。慶應義塾大学経済学部卒業。主な著書に『TOEFL®テスト英単語3800』(旺文社)、『改訂版　完全攻略！TOEFL ITP®テスト』(アルク) などがある。

英文作成	Trudy Oldroydなど
問題作成	Trudy Oldroyd、神部　孝
カバーデザイン	滝デザイン事務所
本文デザイン／DTP	江口うり子 (アレピエ)

TOEFL ITP® テスト
リーディングスピードマスター

平成26年 (2014年) 4月10日　初版第1刷発行
令和6年 (2024年) 7月10日　第4刷発行

著　者	神部　孝	
発行人	福田富与	
発行所	有限会社　Jリサーチ出版	

〒166-0002　東京都杉並区高円寺北2-29-14-705
電話 03(6808)8801(代)　FAX 03(5364)5310
編集部 03(6808)8806
http://www.jresearch.co.jp

印刷所　大日本印刷株式会社

ISBN978-4-86392-187-0　　禁無断転載。なお、乱丁・落丁はお取り替えいたします。

© 2014 Takashi Kambe. All rights reserved.

Jリサーチ出版のTOEFL® TEST対策本

単語 **総合対策** **模試**
シリーズでバランスよく学習できる
TOEFL対策はJリサーチ出版

TOEFL® iBT・ITP対応
はじめて受ける人から高得点をめざす人のための
TOEFL® テスト英単語 超必須3500
（音声ダウンロード付）

TOEFL 満点の著者による、単語を覚えるコツが満載！ TOEFLによく出る単語を品詞別・分野別に厳選し、「自動運転」、「AI技術」といった最新出題傾向にも完全対応。全見出し語に例文がついているため覚えやすく、見出し語と例文の音声も収録。リスニング対策にも効果的。

山内 勇樹 著
A5判／本体2,800円＋税

単語を極める。受験者必携の1冊

団体受験テスト対応
TOEFL® ITPテスト 総合スピードマスター入門編
CD付
はじめて受ける人にも全セクションがよくわかる解法48

TOEFL ITP（団体受験）を受ける学生に向け、全セクション・全パートの攻略法を模擬テスト1回分を提供。初めて受ける学生も視野に入れ、受験前の準備・心がまえから超実践的な解法までを懇切丁寧に伝授。

高橋 良子／クレイグ・ブラントリー 共著
A5判／本体1,600円＋税

はじめて受ける人のための最初の1冊

団体受験テスト対応
TOEFL ITP® テスト スピードマスター完全模試
CD3枚付
リアルな本番形式の模擬テスト3回分収録 スコア換算表つき

究極の使いやすさを追求した本試験前に必ず使いたい1冊。本番形式の模擬試験3回分収録。全ての問題に日本語訳と丁寧な解説つき。重要語句のリストでカンタンに語彙チェックができる。スコア換算表つきだから実力把握や本番前の総仕上げに最適。

高橋良子／キャラ・フィリップス 共著
A5判／本体2,000円＋税

本番前の総仕上げに最適。模試3回分

全国書店にて好評発売中！

TOEFL is a registered trademark of Educational Testing Service

https://www.jresearch.co.jp　Jリサーチ出版　〒166-0002　東京都杉並区高円寺北2-29-14-7
TEL03-6808-8801　FAX03-5364-53

リーディング模擬テスト

この別冊は、強く引っ張ると本体から取り外せます。

リーディング模擬テスト

収録パッセージの内容

皆さんが見直しをしやすくするように、本書に収録されているパッセージの内容を掲載しました。終わったら✔マークに印を付けましょう。そして、間違え数を記入することにより、自分の弱いところを把握してください。なお、ネイティブアメリカンに関するものを「ネイティブ」と記載しました。

✔	SET	PASSAGE	分野	テーマ	間違え数	見直し✔
☐	Primary	1	科学	ミツバチ	( )	☐
☐	Primary	2	ネイティブ	家屋	( )	☐
☐	Primary	3	文化	印象派	( )	☐
☐	Primary	4	歴史	ミュージアム	( )	☐
☐	Primary	5	歴史	貨幣の歴史	( )	☐
☐	Test 2	1	科学	海水	( )	☐
☐	Test 2	2	科学	ハッブル宇宙望遠鏡	( )	☐
☐	Test 2	3	科学	太陽光の影響	( )	☐
☐	Test 2	4	科学	ラッコ	( )	☐
☐	Test 2	5	科学	カモノハシ	( )	☐
☐	Test 3	1	科学	ヘビ	( )	☐
☐	Test 3	2	科学	ビタミンの効用	( )	☐
☐	Test 3	3	科学	ダンスセラピー	( )	☐
☐	Test 3	4	産業	電子商取引	( )	☐
☐	Test 3	5	文化	映画	( )	☐

☑	SET	PASSAGE	分野	テーマ	間違え数	見直し☑
☐	**Test 4**	1	文化	帽子の歴史	(　　)	☐
☐	**Test 4**	2	ネイティブ	アナサジ族	(　　)	☐
☐	**Test 4**	3	ネイティブ	信仰	(　　)	☐
☐	**Test 4**	4	歴史	労働組合	(　　)	☐
☐	**Test 4**	5	歴史	婦人参政権	(　　)	☐
☐	**Test 5**	1	歴史	ピルグリム	(　　)	☐
☐	**Test 5**	2	歴史	フランス語圏	(　　)	☐
☐	**Test 5**	3	歴史	駅馬車の歴史	(　　)	☐
☐	**Test 5**	4	歴史	ホームステッド法	(　　)	☐
☐	**Test 5**	5	歴史	セントラルパーク	(　　)	☐
☐	**Final**	1	科学	太陽の黒点	(　　)	☐
☐	**Final**	2	ネイティブ	言語体系	(　　)	☐
☐	**Final**	3	歴史	エリー運河	(　　)	☐
☐	**Final**	4	文化	ミュージカルの歴史	(　　)	☐
☐	**Final**	5	科学	パブロフの犬	(　　)	☐

Primary Test

Questions 1–10

Honeybees are vital to United States agriculture. Pollinators of almost every fruit and vegetable, honeybees do 80 percent of all crop pollination and contribute $15 billion in annual agricultural revenue. One-third of the food supply depends on crop pollination by bees.

Pollination is moving pollen from the male part of a plant (the anther) to the female part (the stigma), the first step in fruit and seed production. Pollen may be moved from the anther to the stigma of one plant (self-pollination), but many plants require that pollen from one plant be carried to another (cross-pollination). In many plants, the anther and stigma mature at different times, so self-pollination cannot occur. Plants such as watermelons and squashes have separate male and female flowers; others, such as olive and mulberry trees, have separate male and female plants. Thus, pollen must be carried from one flower to another.

Wind or water can carry pollen for some plants (e.g., grasses), but most plants must rely on bees, insects such as flies, or animals such as hummingbirds or bats. Some of these pollinators, such as hummingbirds and bats, are mainly interested in nectar. Honeybees are up to 10 times as efficient in pollinating: they seek flowers with pollen, because they feed pollen to their larvae. Further, large colonies of honeybees can be moved wherever they are needed. For example, 1.5 million beehives from various parts of the U.S. are shipped annually to pollinate the

almond trees of central California, which produce 80 percent of the world's almonds. Almonds are totally
(30) dependent on bees for pollination.

The recent die-off of honeybees threatens America's food supply and economy. The number of honeybee colonies fell from over 4 million in the 1970s to 3.6 million in 2012 and 2.5 million in 2013. Neonicotinoids
(35) and other pesticides, electromagnetic fields from cellular phones, viruses, malnutrition, and loss of natural foraging areas are all believed to contribute to the crisis.

1. With which of the following topics is the passage primarily concerned?
 (A) An anatomy of flowering plants
 (B) The efficiency of honeybee pollination
 (C) The failure of food production
 (D) The structure of honeybee colonies

2. The word "vital" in line 1 is closest in meaning to
 (A) sufficient
 (B) critical
 (C) lively
 (D) unimportant

3. According to paragraph 2, what is true of watermelons?
 (A) They have different male and female plants.
 (B) They are self-pollinated.
 (C) They do not have anthers and stigmas.
 (D) They are cross-pollinated.

4. The word "separate" in line 14 is closest in meaning to

(A) independent

(B) neutral

(C) attached

(D) many

5. According to the passage, unlike other pollinators, honeybees are especially important because

(A) they eat flowers.

(B) they are more interested in nectar.

(C) they bring larvae with them to the flower.

(D) they need pollen.

6. The word "seek" in line 23 is closest in meaning to

(A) discover

(B) search for

(C) transfer

(D) long for

7. Honeybees are instrumental for the reason that

(A) they can be transported to different locations.

(B) they mainly live in California.

(C) they exclusively feed on almond fruits.

(D) they do not sting other pollinators.

8. Which of the followings is NOT mentioned in the passage as a possible cause of the declining number of honeybees?

(A) agricultural chemicals

(B) viruses

(C) poor health conditions

(D) invasive flowering plants

9. The phrase "contribute to" in line 37 is closest in meaning to

(A) receive

(B) give in to

(C) prompt

(D) take away

10. Which of the following can be inferred from the passage?

(A) Agricultural production in the United States may fall due to the decline of honeybee colonies.

(B) Companies will willingly invent new pesticides that do not harm honeybees.

(C) Self-pollination is the most suited to food production.

(D) There are increasing numbers of flies, hummingbirds, and bats.

Questions 11-20

A common feature of Native American shelters, from those of the Inuit to those of the Andeans, is their expediency with regard to the environment and the lifestyle of their inhabitants. The iglu, for example, consists of a dome-shaped frame made from wood or whalebone, insulated with hide in the summer or turf for the winter months. The entrance is sunken into the ground in order to trap heat inside, while at the same time as allowing ventilation. For the Inuit in the far northern reaches of the American continent, this feature is crucial to survival. The temporary nature of the iglu is ideal for the dramatic climate changes in the region and the nomadic lifestyle of the Inuit, as it permits them to relocate and adapt their housing to the season easily.

The chikee of the Seminole tribe is a thatch-roofed, open-sided abode on stilts. This affords a kind of natural air-conditioning system, which is highly practical for the climates of Florida and Oklahoma. The Seminole tribe did not develop until the 18th century and so is sedentary in nature and the immobility of the Seminole dwelling reflects their stationary lifestyle. The environment and lifestyle of the Seminole also explain the stilts on which chikees are built. The majority of Seminole land is on low-lying terrain, thus the stilts are required to minimize the possibility of flood damage.

The people of the North American Plains lived in the most well-known Native American dwelling, the tepee. The tepee is a highly transportable residence suitable for

the nomadic hunting tribes of the Plains. It is a conical
(30) tent made from a frame of poles on which are hung
buffalo hides. There is a hole in the top serving as a
chimney for fires and an opening in the side for access and
ventilation. It is moored to the ground only with pegs,
making it easy to dismantle and erect. In contrast to these
(35) seemingly simple structures, Andean cultures often built
elaborate buildings using stone, cement, wood and adobe.

11. Which of the following would be the most suitable title for the passage?

(A) Native American dwellings
(B) Native American tribes
(C) Inuit shelters
(D) The Seminole culture

12. According to paragraph 1, which of the following is NOT given as a reason for the design of the iglu?

(A) The cold climate
(B) Family size
(C) The lifestyle
(D) Seasonal variation

13. The word "crucial" in line 10 is closest in meaning to

(A) marginal
(B) useless
(C) vital
(D) decisive

14. The word "affords" in line 16 is closest in meaning to

(A) pays for
(B) provides
(C) costs
(D) saves money on

15. What kind of home do the Seminole live in?

(A) Chikee
(B) Stilts
(C) Iglu
(D) Tepee

16. According to the passage, which of the following is NOT true of the Seminole?

(A) They live in Florida.
(B) They live in Oklahoma.
(C) They are a relatively new tribe.
(D) They are nomadic.

17. The word "terrain" in line 24 is closest in meaning to

(A) turf
(B) house
(C) land
(D) mountain

18. According to the passage, which of the following is NOT true of both the summer iglu and the tepee?

(A) They are adapted to the lifestyle of their inhabitants.

(B) They are dome-shaped.

(C) They are made from animal pelts.

(D) They are easily transportable.

19. The word "dismantle" in line 34 is closest in meaning to

(A) build

(B) carry

(C) take apart

(D) shatter

20. Which of the following will the author most probably go on to discuss in the next paragraph?

(A) The lifestyle and environment of Plains peoples

(B) Dwellings on present-day reservations

(C) The dwellings of the Andeans

(D) The lifestyle and environment of the Andeans

Questions 21-30

Impressionism is a style of art that presents an immediate impression of objects or events. The impressionists were interested in how nature actually
Line looked rather than how it was supposed to look. They
(5) engendered a revolution in artistic approach and techniques by painting out in the open air and loudly proclaiming the supremacy of light, not form or content, as their guiding principle. Their aim of reproducing reflected light as it appears to the naked eye has the effect
(10) of vibrating brilliance from the canvas. The technique used to achieve these shimmering landscapes was called "divisionism," although it became popularly known as "pointillism." The technique is achieved by applying paint in individual spots of pure color instead of mixing it on a
(15) palette.

The term impressionism is most commonly applied to the work of a group of French artists who revolutionized painting with iridescent, colorful pictures. Their major work was done from about 1870 to 1910; it was in 1874
(20) when the term was first used. The French impressionists were influenced by a realistic movement in painting that took place in the mid-1800s, and some may have been inspired by the science of photography. They favored compositions that seemed informal and spontaneous,
(25) painting rapidly and preferring to work outdoors in natural light, while seriously questioning the old adage held in Baroque and Renaissance art that beauty was only found by copying antiquity.

The most important impressionists were Manet,
(30) Pissarro, Degas, Sisley, Monet and Renoir. Manet was a realistic painter who depicted everyday life in his work; Monet liked to convey subtle changes in atmospheric effects while Pissarro and Sisley painted the French countryside and river scenes. Degas enjoyed painting
(35) ballet dancers and racehorses, and Renoir loved to show the effect of sunlight on figures and flowers. Postimpressionism was a general movement that developed out of impressionism; it added other dimensions to the visual effects of the impressionists.

21. The author implies all of the following EXCEPT

(A) The effect of light is an important element of impressionism.
(B) Informal compositions are a feature of Renaissance art.
(C) Photography had an influence on impressionism.
(D) Impressionist artists took painting away from the studio.

22. According to the passage, what is "pointillism"?

(A) An artistic movement
(B) A painting technique that involves mixing paint on the palette
(C) A method of applying paint
(D) The guiding principle of impressionist painters

23. The word "it" in line 14 refers to

(A) the technique
(B) divisionism
(C) pointillism
(D) paint

24. According to the passage, when was the term impressionism first coined?

(A) In the mid-1800s
(B) Between 1870 and 1910
(C) In the late 1900s
(D) In 1874

25. The word "influenced" in line 21 is closest in meaning to

(A) affected
(B) denounced
(C) emphasized
(D) elaborated

26. The word "adage" in line 26 is closest in meaning to

(A) proverb
(B) slowness
(C) artistic term
(D) prose

27. The word "subtle" in line 32 is closest in meaning to

　(A) slight
　(B) obvious
　(C) tangible
　(D) furious

28. What does the passage imply that Monet tried to depict in his paintings?

　(A) Everyday life
　(B) The effects of sunlight on flowers
　(C) Changes in shadowing and light
　(D) Changes in emotion while working outdoors

29. Which of the following words best describes impressionism?

　(A) conformist
　(B) revolutionary
　(C) practical
　(D) eclectic

30. Which of the following will the author probably go on to discuss in the next paragraph?

　(A) Minor impressionist painters
　(B) The works of the French impressionists
　(C) The development of postimpressionism
　(D) Realism

Questions 31-40

A problem for American artists in the early 1900s was the preference of museums for European art over American. Yet there were patrons who supported their
Line work, prominent among whom was Gertrude Vanderbilt
(5) Whitney, a very wealthy American woman who was herself a respected sculptor and art collector. She and her husband founded the Whitney Studio Club, a studio in Greenwich Village in New York City that presented exhibitions of contemporary American artists and, with a
(10) reference library, a sketching studio, and a billiards table, gave them a place to study and to relax, as well as to show and sell their work.

In 1929, Whitney offered her collection of approximately 700 works by American artists to the
(15) Metropolitan Museum of Art, but her offer was declined. This rejection, together with the bias toward European art demonstrated by the newly opened Museum of Modern Art led Whitney to found the Whitney Museum of American Art, exclusively for the work of American
(20) artists. This museum focused on the work of living artists, and it bought artworks before they or the artists were widely known. The opening of the Whitney in 1931 was fortunate for American artists since the Great Depression had just begun, and millions of Americans were
(25) unemployed. (Continuing Gertrude Vanderbilt Whitney's concern for artists, the museum even today never sells the work of any artist who is still living because doing so might hurt the artist's career.)

Today the Whitney Museum has what may well be the
(30) world's finest collection of 20th-century American art. It continues to emphasize the work of living artists and remains on the cutting edge of art by featuring Biennial exhibitions, which present new work. Other museums do not follow regular schedules in acquiring contemporary
(35) art, but the Whitney purchases and presents the latest work regularly, guaranteeing that its collection remains current and also providing a venue for unknown artists to display their work.

31. What is the main topic of the passage?

(A) The life of Gertrude Vanderbilt Whitney

(B) The history of American contemporary art

(C) The contribution of the Whitney Museum to American art

(D) The works of young American artists

32. The word "prominent" in line 4 is closest in meaning to

(A) renowned

(B) critical

(C) notorious

(D) little-known

33. What can be inferred about the attitudes of art museums in the early 1900s?

(A) They respected Gertrude Vanderbilt Whitney.

(B) They were not very concerned about American artists.

(C) They were mostly closed due to the Great Depression.

(D) They bought the Whitney Studio Club.

34. The word "their" in line 12 refers to

(A) museums
(B) Whitney and her husband
(C) exhibitions
(D) American artists

35. According to the passage, the Whitney Studio Club provided artists with all of the following EXCEPT

(A) A collection of books
(B) A workplace
(C) A game place
(D) Boarding

36. According to the passage, why did Whitney found her own museum?

(A) The Metropolitan Museum did not pay enough money for her collection.
(B) She intended to sell contemporary artworks.
(C) She wanted to establish her own museum from the beginning of her career.
(D) The Metropolitan Museum did not want to exhibit her collection.

37. The word "exclusively" in line 19 is closest in meaning to

(A) solely
(B) partially
(C) extravagantly
(D) especially

38. Which of the following is true of the Whitney Museum?

(A) It sells artworks of living artists.

(B) American artists worked for it during the Great Depression.

(C) It houses artworks of many unknown artists.

(D) It has often disgraced contemporary artists.

39. The word "venue" in line 37 is closest in meaning to

(A) map

(B) road

(C) atmosphere

(D) place

40. Which of the following can be inferred from the passage?

(A) These days, most art museums regularly buy contemporary art.

(B) The Whitney Museum exhibits the latest works of contemporary art.

(C) The Whitney Museum does not follow the ideals of Gertrude Vanderbilt Whitney.

(D) Currently, a majority of museums in America financially support the Whitney Museum.

Questions 41–50

Money as we know it today is thought to have originated in China although previous to this, various items were used as forms of payment. Rice, dog's teeth
Line and gambling counters have all, in different times and
(5) countries, served as currency. This type of money is known as commodity money, the value of which is dependent upon the value of the material it consists of. The most common materials used for commodity money are gold, silver and bronze although primitive societies
(10) may still use other items such as food or clothing.

The earliest commodity money probably consisted of animals and tools although by around 600 BC the Lydians and Chinese had begun to use and issue a more advanced form of money, coins. These early coins were rather crude
(15) and it was several centuries before the more refined gold and silver coins were extensively used. The Lydians are widely credited with making the first coins and also with their refinement to the superior gold and silver varieties. The use of such enhanced coins soon spread to Greece,
(20) Rome and the Roman Empire.

The type of money that we are most conversant with today is branded fiat money. In direct opposition to commodity money, the value of fiat money is decreed by law and has no relation to the value of the constituents.
(25) The Chinese are generally accepted to be the first users of fiat money. In the first half of the 9th century when the demand for coinage could no longer be met, the T'ang government began to issue paper money, along with the

strings of copper coins already established.
(30) The West, although they had known about paper money for several centuries through the explorer Marco Polo, still hadn't adopted or experimented with it as a currency, preferring instead to continue using coins. It wasn't until the 17th century that the first paper money
(35) was issued in the United States.

41. Which of the following would be the most suitable title for the passage?

(A) The complete history of money

(B) The early history of money

(C) The history of paper money

(D) The history of commodity money

42. The phrase "served as" in line 5 is closest in meaning to

(A) nourished as

(B) used as

(C) been known as

(D) referred to as

43. According to paragraph 1, which of the following is NOT mentioned as an example of commodity money?

(A) silver

(B) clothing

(C) gold

(D) paper

44. According to the passage, which of the following is NOT true of the Lydians?

  (A) They were one of the first people to use coins.

  (B) They were one of the first people to use fiat money.

  (C) They were the first people to issue silver and gold coins.

  (D) They were adept at coinage.

45. The word "crude" in line 14 is closest in meaning to

  (A) raw

  (B) coarse

  (C) developed

  (D) delicate

46. The word "their" in line 18 refers to

  (A) The Lydians

  (B) the first coins

  (C) the superior gold and silver varieties

  (D) Greece, Rome and the Roman Empire

47. The word "conversant" in line 21 is closest in meaning to

  (A) comfortable

  (B) familiar

  (C) content

  (D) usual

48. According to the passage, when was paper money first used in China?

(A) The early 800s
(B) The late 800s
(C) The early 900s
(D) The late 900s

49. According to the passage, the value of fiat money is

(A) proportionate to the material it is made of
(B) closely related to coins
(C) determined by the government
(D) relatively lower than coins

50. Which of the following topics will the author probably discuss in the next passage?

(A) The abandonment of paper money in China
(B) The reintroduction of paper money in China
(C) The introduction and development of paper money in the West
(D) Paper money and its effects on inflation

Test 2

Questions 1–10

Seawater is composed essentially of water and various salts. The salinity of seawater is measured in parts of salt per 1,000 parts of water and fluctuates markedly from one
Line area to another. Salinity averages around 35, but is much
(5) greater in areas of high evaporation such as the Red Sea and drops to almost zero in certain continental waters. Salinity is affected by evaporation, precipitation, melting and freezing of sea ice and fresh water input from rivers.

Salt is made up of molecules that break apart in water
(10) to form positive and negative ions. The major positive ions, or cations, found in seawater are sodium, magnesium, calcium and potassium and their presence per 1,000 parts of water are respectively 10.5, 1.3, 0.4 and 0.4. The negative ions, or anions, are chloride and sulfate at
(15) the corresponding incidence rates of 19 and 2.6.

The saline ions usually move independently of each other but when water evaporates they join to form salts such as sodium chloride otherwise known as standard table salt, potassium chloride which is commonly referred
(20) to as light salt for people on low sodium diets, and calcium sulfate. Unlike salinity measurements, the relative proportions of the ions do not vary between regions and so it can be easily predicted how much of any salt will be found in a given expanse of water with a certain salinity.

(25) Thanks to this uniformity, scientists have been able to estimate quite accurately that the oceans of the world contain about 7 million metric tons of gold, even though it

is present at the negligible ratio of 5 parts per trillion.
Although the vast majority of seawater is constituted of
(30) water and salts, it also contains traces of every natural
element known to man.

Taken together with temperature measurements,
salinity permits oceanographers to measure, by the use of
a highly complex mathematical formula, the density of
(35) seawater. This allows for accurate predictions of currents
and water movement at various depths.

1. Which of the following would be the most suitable title for the passage?

(A) The applications of salinity measurements
(B) Different salts and their uses
(C) The composition of seawater
(D) An introduction to oceanography

2. Choose the sentence in paragraph 1 that explains the concept of salinity.

(A) Lines 1–2
(B) Lines 2–4
(C) Lines 4–6
(D) Lines 7–8

3. The word "presence" in line 12 is closest in meaning to

(A) looks
(B) incidence
(C) manifestation
(D) supply

4. Which of the following statements about seawater is true?

(A) It contains more sodium than chloride.
(B) It contains less calcium than potassium.
(C) It contains the same amount of chloride and sulfate.
(D) It contains more sulfate than magnesium.

5. Which of the following is known as light salt?

(A) sodium chloride
(B) potassium chloride
(C) calcium sulfate
(D) magnesium sulfate

6. The pronoun "it" in line 27 refers to

(A) this uniformity
(B) the world
(C) million
(D) gold

7. Which of the following is NOT a reason why the author mentions gold in paragraph 4?

(A) To illustrate a previous point
(B) To introduce a new point
(C) To disprove a theory
(D) To evoke an image

8. The word "negligible" in line 28 is closest in meaning to

(A) minuscule

(B) notable

(C) accurate

(D) significant

9. According to the passage, which of the following is NOT true of seawater?

(A) Its salt content is uniform.

(B) It contains gold.

(C) It contains the same relative proportion of ions from place to place.

(D) Its density is variable.

10. Which of the following will the author most probably go on to discuss in the next paragraph?

(A) How the density of seawater affects underwater currents

(B) The difference between surface and deep sea currents

(C) How salinity and temperature can be used to determine density

(D) The properties of seawater as opposed to freshwater

Questions 11-20

The Hubble Space Telescope, named after the astronomer Edwin Hubble, is a telescope made and sent into space in 1990 by the U.S. National Aeronautics and
Line Space Administration (NASA). The Earth's atmosphere
(5) distorts and blocks light from reaching Earth, so a space telescope was needed to see images from space more clearly. The Hubble is not the first space telescope, but at 2.4 meters long, it is one of the largest. It is also one of the most versatile. It can observe visible light, near infrared,
(10) and near ultraviolet light.

Further, the Hubble is the only space telescope that can actually be serviced in space by astronauts. That fact is extremely fortunate, because, after 12 years of development and going more than $2 billion above its
(15) estimated cost of $400 million, a major flaw was found in the Hubble only weeks after it was launched into space. (A commission investigating the cause of the flaw found both the optical company that produced the defective mirror and NASA to blame for not finding and correcting it
(20) before launch.) For a while, the Hubble was compared to the *Titanic*; it was a joke to the general public and a public relations nightmare for NASA. However, because it could be repaired in space, the flaw was corrected, and the Hubble began to make significant contributions to science.

(25) The Hubble has sent hundreds of thousands of images of space back to Earth and provided information to answer some long-standing astronomical questions. It has also raised new questions. It obtained information about the

age of the universe, but it brought up a puzzle, showing
(30) that the universe may be accelerating in its expansion, rather than slowing down as expected. Other evidence later confirmed this acceleration, though the cause is not understood. The Hubble programs have helped to determine what quasars are, to show a profound
(35) connection between galaxies and the black holes at their centers, and to confirm the existence of dark energy.

11. According to paragraph 1, what is one advantage of space telescopes over conventional telescopes?

(A) Space telescopes can magnify images larger.

(B) Space telescopes can observe near infrared light.

(C) Space telescopes can be very large.

(D) Space telescopes can avoid interference from the Earth's atmosphere.

12. The word "distorts" in line 5 is closest in meaning to

(A) alters

(B) straightens

(C) emits

(D) cuts

13. The word "versatile" in line 9 is closest in meaning to

(A) powerful

(B) multipurpose

(C) limited

(D) feeble

14. Why does the author mention "That fact is extremely fortunate …" in lines 12–13?

(A) The Hubble cost more than $2 billion.
(B) The Hubble had a major flaw.
(C) The Hubble was launched into space.
(D) The Hubble was repaired in space.

15. The word "its" in line 14 refers to

(A) the Hubble
(B) space
(C) That fact
(D) development

16. The word "it" in line 19 refers to

(A) the Hubble
(B) A commission
(C) the optical company
(D) the defective mirror

17. It can be inferred from the passage that

(A) the defective mirror was manufactured by NASA.
(B) NASA designed the *Titanic*.
(C) the Hubble was the first telescope in space.
(D) there are other space telescopes.

18. According to the passage, who fixed the defective mirror?

   (A) The optical company
   (B) The NASA public relations team
   (C) Astronauts
   (D) Edwin Hubble

19. The word "long-standing" in line 27 is closest in meaning to

   (A) recent
   (B) intriguing
   (C) old
   (D) difficult

20. The Hubble has given information on all of the following EXCEPT

   (A) the age of universe.
   (B) the reason for accelerating expansion of the universe.
   (C) the existence of dark energy.
   (D) the relationship between galaxies and black holes.

Questions 21-30

Without the sun, life on earth would be impossible, as the star is the planet's heat and light source. The effects of the sun on the human body are manifold; the ultraviolet radiation contained in sunlight allows the body to convert the element 7-dehydrocholesterol into vitamin D, which is vital for efficient calcium absorption. Thus a certain amount of exposure to sunlight is crucial for the prevention of muscular disorders such as rickets and tetany, diseases that are caused by a lack of vitamin D and calcium respectively.

However, overexposure to ultraviolet light can ultimately lead to a number of disorders from the innocuous freckle to the often fatal skin cancer. Contact with direct sunlight has been irrefutably identified as a leading cause of skin cancers, 90% of which typically occur on parts of the skin; such as the backs of the hands, the face and the neck, that are usually left unprotected against sunlight. The risk of skin cancer has also been conclusively linked with the number of blistering sunburns a person has suffered.

Another less debilitating skin ailment caused by overexposure to ultraviolet light is dermatitis or inflammation of the skin. Although it is relatively harmless, this disease causes sufferers a great deal of discomfort and is often encountered after spending too many hours under the sun. Ultraviolet light also gives rise to the small, round, flat brown spots on the skin called freckles. These contain a surplus of the human skin

pigment melanin but are not considered dangerous.
(30)   It may not be only the skin that is adversely affected by the ultraviolet rays of the sun; overexposure has also been linked to AMD or Age-related Macular Degeneration, the primary cause of vision loss in the United States. This is an incurable loss of sight, in which
(35) the part of the eye that receives light patterns and transmits them to the brain, the retina, is attacked. Sufferers complain of losing the ability to read and see fine detail. It has been suggested that wearing sunglasses may help prevent AMD.

21. Which of the following is the main topic of the passage?
(A) Life on earth
(B) The beneficial effects of the sun on the human body
(C) The damaging effects of the sun on the human body
(D) Types of ultraviolet radiation emitted by the sun

22. The word "vital" in line 6 is closest in meaning to
(A) sufficient
(B) suggestive
(C) crucial
(D) energetic

23. What, according to the passage, is tetany caused by?

(A) Exposure to sunlight

(B) Rickets

(C) A lack of vitamin D

(D) A lack of calcium

24. The word "innocuous" in line 13 is closest in meaning to

(A) offensive

(B) damaging

(C) harmless

(D) distasteful

25. The word "irrefutably" in line 14 is closest in meaning to

(A) temporarily

(B) typically

(C) usually

(D) conclusively

26. The word "unprotected" in line 17 is closest in meaning to

(A) isolated

(B) exposed

(C) shaded

(D) restricted

27. According to the passage, what is the relationship between freckles and ultraviolet light?

(A) Ultraviolet light causes freckles.

(B) Ultraviolet light causes freckles to rise.

(C) Freckles attract ultraviolet light.

(D) There is no relation.

28. According to the passage, which of the following statements is true of AMD?

(A) It is definitely caused by ultraviolet light.

(B) It cannot be treated.

(C) It is a rare disorder.

(D) It is easily prevented.

29. Which of the following best describes the retina?

(A) It is a part of the brain.

(B) It is a receptor.

(C) It is a transmitter.

(D) It is a receptor and a transmitter.

30. Which of the following is NOT identified in the passage as a possible result of overexposure to the sun?

(A) Rickets

(B) Skin cancer

(C) Dermatitis

(D) Poor eyesight

Questions 31–40

The sea otter is unusual among sea mammals. It doesn't have a layer of blubber to keep it warm. Instead, it has very dense waterproof fur. Keeping it waterproof
Line requires extreme cleanliness, so the sea otter spends a
(5) good deal of time grooming, and when eating, it rolls in the water often, apparently to wash off food scraps. It floats on its back when resting or eating, and it can draw all four limbs up out of the water to conserve heat or hold its hind feet underwater on hot days to keep them cool.
(10) A member of the weasel family, the sea otter can walk on land but spends most of its time in the ocean. It can close its ears and nostrils and hold its breath for up to five minutes, though its hunting dives to the sea floor are usually only one minute. Its hind feet are flattened and
(15) fully webbed to give propulsion in swimming, and its forepaws have retractable claws and tough pads on the palms for holding slippery prey.

The sea otter is the only marine mammal that catches fish with its forepaws rather than with its teeth and that
(20) picks up and turns over rocks in searching for prey. It uses its forepaws to pluck snails from kelp and to dig into underwater mud for clams. While it can chew and swallow small mussels complete with their shells, it uses its forepaws to twist apart the shells of larger mussels. It also
(25) uses its forepaws to tear food apart and bring it to its mouth. The sea otter is among the few mammals that use tools. It may use a rock to break open shellfish or clams or to pound an abalone shell off its rock. In a loose pouch of

skin under each foreleg, it may carry a rock, and it puts
(30) food there to take it to the surface.

31. What does the passage mainly discuss?

    (A) The unique nature of the sea otter

    (B) Tool-using animals

    (C) Marine vertebrates

    (D) The sea otter's skills in diving

32. Why does the author state that the sea otter is "unusual" (line 1)?

    (A) It mainly lives in the ocean.

    (B) It doesn't have a thick layer of fat tissue.

    (C) It can float on its back.

    (D) It likes cleanliness.

33. The word "it" in line 3 refers to

    (A) The sea otter

    (B) a layer of blubber

    (C) fur

    (D) cleanliness

34. The phrase "hold its breath" in line 12 is closest in meaning to

    (A) keep quiet

    (B) stop breathing

    (C) exhale

    (D) inhale

35. The word "retractable" in line 16 is closest in meaning to

(A) long

(B) short

(C) strong

(D) telescopic

36. The word "marine" in line 18 is closest in meaning to

(A) riverine

(B) oceanic

(C) naval

(D) terrestrial

37. According to paragraph 3, how does the sea otter catch its prey?

(A) It usually catches fish with its teeth.

(B) It usually uses its teeth to turn over rocks to search for prey.

(C) It usually uses its forepaws to search for prey.

(D) It usually uses hind legs to search for clams.

38. According to the passage, how does the sea otter "use tools" (lines 26–27)?

(A) To cut kelp

(B) To crack shellfish

(C) To sharpen its teeth

(D) To tear food apart

39. How does the sea otter use "a loose pouch of skin" (lines 28–29)?

(A) To store food
(B) To hold its pup
(C) To hold a rock as a weight
(D) To grip slippery prey

40. All of the following can be inferred about the sea otter EXCEPT that

(A) it is a good swimmer.
(B) its forepaws are strong.
(C) it usually lives on land.
(D) its hind feet are used for swimming.

Questions 41–50

The platypus, a semiaquatic mammal found only in Australia, is a very unusual animal that has been called "an unlikely mix of duck, beaver, and otter." It is like a duck in
Line having a bill, like a beaver in its tail, and like an otter in its
(5) body and fur. Further, the female platypus is one of the rare mammals that lay eggs, but she feeds her young by giving out milk through the pores of her skin. The young laps up the milk from where it collects on her fur. The male platypus is one of the rare mammals that are
(10) venomous. Its hind feet have sharp stingers on their heels that deliver a poison which can kill an animal the size of a dog or incapacitate a human. The first scientists to study a platypus thought at first that it was not a real animal, but an elaborate fake.

(15) The platypus is a skillful swimmer. It needs to eat about 20 percent of its own weight in food each day, so it spends a lot of time feeding. It is a bottom feeder, diving and scooping up insects, larvae, worms, and shellfish in its bill.

(20) The platypus lives in a burrow along a small stream or river. Males and females have their own burrows, and after mating, the female digs a burrow 20 meters long, with plugs at intervals along it, possibly to keep out predators or rising water, or possibly to regulate the temperature and
(25) humidity of the burrow.

The female seals her burrow closed, lays one to three leathery eggs like the eggs of a reptile, and curls around them to incubate them. When the young are born, they are

not much bigger than a coin and are hairless, blind, and
(30) totally helpless. In six weeks, they have fur, have their eyes open, and may leave the burrow to swim for short periods in the water.

41. What is the passage mainly about?
(A) The unique behaviors of a certain animal
(B) The defensive skills of a certain animal
(C) A comparison of aquatic animals
(D) The feeding habits of a certain animal

42. The word "unlikely" in line 3 is closest in meaning to
(A) fantastic
(B) amazing
(C) credible
(D) improbable

43. The word "venomous" in line 10 is closest in meaning to
(A) harmless
(B) brutal
(C) toxic
(D) malevolent

44. According to paragraph 1, which of the following is true about the platypus?

(A) It is a bird.
(B) It is an otter.
(C) It is a beaver.
(D) It is a mammal.

45. According to the passage, why did the scientists think the platypus "an elaborate fake" (line 14)?

(A) They observed a stuffed animal made by native inhabitants.
(B) The animal was beyond their imagination.
(C) They wanted to make an illusory animal.
(D) They couldn't observe the animal well.

46. The word "skillful" in line 15 is closest in meaning to

(A) poor
(B) adept
(C) marginal
(D) inept

47. The word "regulate" in line 24 is closest in meaning to

(A) adjust
(B) limit
(C) liberate
(D) change

48. The word "helpless" in line 30 is closest in meaning to

(A) healthy

(B) small

(C) defenseless

(D) self-supporting

49. According to the passage, which of the following about the platypus is true?

(A) It nurses its young with milk.

(B) It usually hunts land animals.

(C) It uses its bills to attack enemies.

(D) It leaves its eggs unprotected in the nest.

50. According to the passage, all of the following are true of the platypus EXCEPT:

(A) It can swim.

(B) It eats a small amount of food.

(C) It lives in a tunnel.

(D) It lays an egg.

Test 3

Questions 1–10

Ophidiophobia is the fear of snakes. It comes easily to humans, much as baby monkeys are afraid of the image of a snake. Snakes have little to recommend them, and the
Line word itself is opprobrious.
(5)   Not so, expresses Prof. Henry Greene in his book *Snakes: The Evolution of Mystery in Nature* (University of California). Curator of Berkeley's Museum of Vertebrate Zoology, Greene presents a sort of revisionism, a rehabilitation of serpent status, using snake behavior
(10) research to increase biological and aesthetic interest in these reptiles.

Superb adaptability allows snakes to occupy all areas of the environment except the polar zones. Desert and jungle, river and ocean are home to about 2,700 species of
(15) snakes. These are all descended from nearly legless lizards that were extant 90 million years ago in the age of dinosaurs. Snake size runs from pencil-length African thread snakes to 6-meter anacondas and pythons capable of eating a human. Greene tells of survival techniques of
(20) certain snakes, which pretend to be dead to fool their enemies.

Greene says the most remarkable traits of snakes are their ultra-keen senses of smell and touch. They have no external ears, but compensate with odor-detectors in their
(25) tongues that distinguish prey, enemies and mates. The chemical sensors in both ends of their forked tongues give snakes, with their poor eyesight, the equivalent of

stereoscopic vision.

(30) Greene frankly defends poisonous snakes on the very grounds people find them most loathsome, that they kill great numbers of humans. Some 20,000 people a year die from snakebites, most of them from lethal venom. These attacks are largely accidental, he states, and better footgear and anti-venom are cutting the toll. Other bites are
(35) responses to provocation and careless handling. In all cases, snakes must overcome their inherent fear of humans, because, as Greene points out, "they will only bite if they perceive a threat."

1. What is the main idea of the passage?
 (A) Snakes have little to recommend them.
 (B) Snakes are adaptable and have keen senses.
 (C) Snakes are fascinating and humans should show more interest in them.
 (D) Humans are becoming better at avoiding poisonous snakes.

2. The word "extant" in line 16 is closest in meaning to
 (A) alive
 (B) distant
 (C) extinct
 (D) available

3. According to the passage, what is the purpose of Henry Greene's book on snakes?

   (A) To defend poisonous snakes
   (B) To explain the survival skills of snakes
   (C) Researching snake behavior for biological interest
   (D) Revising the status of snakes higher, showing they are worth studying

4. The author states snakes cannot live in locations that are

   (A) very cold
   (B) very wet
   (C) very dry
   (D) very warm

5. What gives snakes the equivalent of "stereoscopic vision" (line 28)?

   (A) External ears
   (B) Chemical sensors
   (C) Their eyesight
   (D) A keen sense of touch

6. How would a snake tell its enemy from its prey?

   (A) By pretending to be dead to fool them
   (B) By listening to and observing them
   (C) Through attacking and poisoning them
   (D) Through using its tongue to smell them

7. What word is closest in meaning to "lethal" in line 32?

(A) poisonous
(B) harmful
(C) loathsome
(D) fatal

8. According to the passage, "better footgear" (line 33) can

(A) reduce snakebite deaths
(B) be used as anti-venom
(C) reduce the number of snakes
(D) cause accidental snakebites

9. The word "perceive" in line 38 is closest in meaning to

(A) recognize
(B) avoid
(C) ignore
(D) cause

10. According to paragraph 5, snakes bite humans

(A) only accidentally
(B) only when they become very agitated
(C) accidentally, when provoked, or when poorly handled
(D) by accident, as a response to provocation and careful handling

Questions 11–20

Sales of vitamins and minerals are reaching record levels in America as "vitamania" sweeps the country. Taking vitamins brings promises of panacea—cancer and heart disease protection, more energy and less stress, (5) enhanced athletic and sexual powers and longer life with greater immunity. There is little evidence, however, that these substances are helpful, or for that matter, harmful, or merely ineffective.

One reason is that the Food and Drug Administration (10) calls vitamins and minerals "dietary supplements" which do not need testing for effectiveness or safety before they are marketed. Accordingly, the labels on vitamin bottles lack germane information about their contents. Moreover, it is difficult to find clear, consistent data about vitamins (15) and minerals anywhere. There are few long-term studies by nutrition experts, and government standards are in disarray. Finally, vitamin and mineral needs depend on a person's age, sex and stage of life, and there is simply no consensus as to whether these supplements are valuable (20) for people with healthy diets.

Vitamins and minerals help prevent minor diseases, but nothing shows they will fend off major ones like cancer and osteoporosis, softening of the bones. However, it is true that the young women and the elderly consume (25) too few vitamins and would benefit from large vitamin doses.

More ominous is the finding of a 13-year study of 10,758 Americans, namely that vitamin and mineral takers

do not outlive or have fewer cancer deaths than non-takers.
(30) In 1993, furthermore, the federal Centers for Disease Control and Prevention in Atlanta reported one of its research teams "found no evidence of increased longevity among vitamin and mineral supplement users in the United States." Even people who seem to need more
(35) vitamins—smokers and those already ill, the poorly nourished and elderly, and pregnant women—show few positive results from actually taking them.

11. Which of the following would be the best title for the passage?
   (A) Vitamin and its Benefits
   (B) The Dangers of Taking Vitamins
   (C) How Vitamins Stop Disease
   (D) Vitamins: No Real Effectiveness

12. The word "enhanced" in line 5 is closest in meaning to
   (A) clearer
   (B) simpler
   (C) greater
   (D) safer

13. The word "evidence" in line 6 is closest in meaning to
   (A) symptom
   (B) proof
   (C) result
   (D) influence

14. According to paragraph 2, the labels on vitamin bottles

(A) give the wrong information about vitamins

(B) contain a lot of information about vitamins

(C) give important data about vitamins

(D) contain little or no data about vitamins

15. According to paragraph 2, what is the trouble with "government standards"?

(A) They are very easy to understand.

(B) They are not well organized.

(C) They are not yet finished.

(D) They are really useful.

16. The word "consensus" in line 19 is closest in meaning to

(A) unanimity

(B) dispute

(C) quarrel

(D) conviction

17. The word "ones" in line 22 refers to

(A) vitamins

(B) minerals

(C) diseases

(D) bones

18. The word "furthermore" in line 30 is closest in meaning to

(A) somehow

(B) however

(C) on the other hand

(D) in addition

19. Which of the following people seem to need more vitamins?

(A) The elderly and ill people

(B) Smokers and healthy people

(C) Pregnant women and young people

(D) Young men and women

20. It can be inferred from the passage that people with healthy diets need

(A) to take both vitamins and minerals

(B) to take more vitamins but fewer minerals

(C) to take more minerals but fewer vitamins

(D) not to take either vitamins or minerals

Questions 21-30

A relatively new and perhaps surprisingly successful field of medicine is that of dance therapy. It involves the psychotherapeutic use of dance and movement to treat patients who suffer from physical, emotional, cognitive and social disorders. Practitioners of movement therapy practice their medicine in institutions as diverse as hospitals, clinics, retirement homes, mental health centers, developmental centers, special schools, correctional facilities and rehabilitation facilities. They minister to various groups of people including geriatrics, pregnant and delivering women, children, felons, drug users and those with disabilities.

Dance is defined as the use of extraordinary movement, as opposed to ordinary movement such as walking, for extraordinary purposes. Traditionally these extraordinary purposes have been mainly confined to entertainment, physical enjoyment, worship or communication. Some cultures have always associated dance and music with healing the sick; the Greek nymphs were skilled in music and dancing and great powers of healing were attributed to them, but it is only recently that more skeptical western practitioners have begun to recognize their effectiveness.

One highly successful application of dance therapy is in the field of psychology where it is used to alleviate symptoms of depression, anxiety and stress, social disorders such as shyness and extreme introversion and certain manias. Dance therapy is already well established

and highly regarded as a course of treatment in this area
(30) but recently other fields of medicine have begun to look
seriously at it as a possible method of healing. These areas
include pediatrics, obstetrics and geriatrics.

21. The word "treat" in line 3 could be best replaced by

(A) involve
(B) discuss
(C) ask
(D) minister to

22. According to paragraph 1, which of the following groups is NOT mentioned as a beneficiary of dance therapy?

(A) Elderly people
(B) Infertile women
(C) Women giving birth
(D) Criminals

23. The word "They" in line 9 refers to

(A) practitioners of movement therapy
(B) institutions
(C) hospitals
(D) mental health centers

24. Why does the author mention the Greek nymphs in paragraph 2?
   (A) To illustrate how dance is used for entertainment
   (B) To illustrate the physical pleasure involved in dance and music
   (C) To give an example of a religious use of dance
   (D) To give an example of a culture that associates dance with healing

25. The word "skeptical" in line 22 is closest in meaning to
   (A) convinced
   (B) cynical
   (C) gullible
   (D) trusting

26. The word "their" in line 23 refers to
   (A) some cultures
   (B) dance and music
   (C) the sick
   (D) the Greek nymphs

27. The word "alleviate" in line 25 is closest in meaning to
   (A) strengthen
   (B) stop
   (C) count
   (D) relieve

28. According to the passage, which of the following best describes how psychologists feel about dance therapy?

(A) They are skeptical about it.
(B) They feel it is useful only as a complement to a prescribed course of treatment.
(C) They would use it only to help group communication.
(D) They are convinced of its effectiveness.

29. Where in the passage does the author describe how dancing was associated with therapy in ancient times?

(A) Lines 2–5
(B) Lines 9–12
(C) Lines 15–18
(D) Lines 18–23

30. Which of the following topics will the author probably go on to discuss in the next paragraph?

(A) Other areas of art-based therapy such as music
(B) The psychological effects of social dance
(C) The applications of dance therapy in various fields of medicine
(D) How dance is used in various cultures to heal the sick

Questions 31-40

The Internet was created in response to a need specified by the Defense Department for a nuclear attack proof way to keep computer networks communicating. It
Line soon became a tool through which academics and
(5) government researchers exchanged messages and information. It was not until 1994 that the government took the step of handing the development of the Net over to private companies.

The response to this opportunity was virtually
(10) immediate. Astute entrepreneurs had noticed the rate of growth of the Internet and quickly began devising ways to commercially manipulate this new technology.

E-commerce was practically an instant success story. The first e-commerce sites were of the one-to-many type, one
(15) seller offering products and services to many buyers; these are characterized by a fixed pricing system. More recently, there has been an explosion of many-to-many sites that function rather like traditional auctions, where prices are not fixed but fluctuate depending on the wishes of buyer
(20) and seller.

Both scenarios will have an effect on pricing systems and may force traditional retailers and suppliers to change the way they do business. The former, in cutting out various middlemen, will bring down the price for
(25) consumers as well as allowing producers to keep a higher proportion of the selling price. It will also break down geographical barriers to transactions. This, in theory at least, allows consumers to source the lowest price

worldwide, thus creating the knowledgeable consumers
(30) that are essential to the perfect operation of a market economy.

The many-to-many approach to e-commerce engenders an even more ideal market, wherein sellers can find the buyer willing to pay the highest price and buyers
(35) are able to find the seller with the lowest price worldwide. Location is, once again, unimportant and the buyer who has been purchasing coffee in a fashionable Seattle delicatessen may find the same coffee at a fraction of the cost on-line directly from the producer in Columbia.

31. Which of the following is the most suitable title for the passage?

(A) E-commerce and Global Pricing Structures
(B) The History of the Internet
(C) Uses of the Internet
(D) The Internet as a Price-Fixing Tool

32. It can be inferred from the passage that before 1994 the Internet was

(A) able to conduct e-commerce effectively
(B) used solely by the government
(C) not used for commercial purpose
(D) not able to send messages

33. The word "It" in line 3 refers to

(A) The Internet

(B) a need

(C) the Defense Department

(D) computer networks

34. The word "virtually" in line 9 is closest in meaning to

(A) apparently

(B) commercially

(C) practically

(D) hopefully

35. The word "Astute" in line 10 could be best replaced by

(A) Experienced

(B) Rich

(C) Successful

(D) Perceptive

36. What does the phrase "Both scenarios" in line 21 refer to?

(A) Buyers and sellers

(B) One-to-many and many-to-many transactions

(C) Products and services

(D) Traditional retailers and suppliers

37. The word "source" in line 28 is closest in meaning to

  (A) commerce

  (B) inform

  (C) find

  (D) pay

38. Which of the following is NOT mentioned as being reduced by e-commerce?

  (A) Geographical barriers to trade

  (B) Traditional retail outlets

  (C) Transaction costs

  (D) The need for middlemen

39. Why does the author mention "a fashionable Seattle delicatessen" in lines 37–38??

  (A) To point out it should lower the price.

  (B) To point out the price is the only concern in e-commerce.

  (C) To suggest that it can manage a coffee plantation in Columbia distantly.

  (D) To suggest the advantage of finding suppliers through the Internet.

40. Which of the following statements would the author mostly agree with?

  (A) The Internet creates a perfect market economy.

  (B) All e-commerce sites are profitable.

  (C) Consumers are able to make informed choices using e-commerce.

  (D) Traditional retailers cannot compete with e-commerce retailers.

Questions 41-50

The American film director Stanley Kubrick, born in the Bronx in 1928, directed films of numerous genres including horror, science fiction and period drama, although one of the major recurring themes in his work was war. While other filmmakers were still depicting it as a glorious, heroic institution, Kubrick showed through his motion pictures the gritty reality.

The 1957 film *Paths of Glory* starring Kirk Douglas as a principled Captain during World War I was vehemently antiwar and culminated with the needless execution of three French soldiers by their own generals. The film won the Grand Prix de la Critique in 1959 and highlighted the disastrous war tactics that characterized the First World War and that led to a total fatality count of almost 9 million troops.

Kubrick's 1964 effort, *Dr. Strangelove: or How I Learned to Stop Worrying and Love the Bomb* was a darkly humorous film about Cold War suspicion, and in particular the arms race, between the US and the USSR. It features General Jack D. Ripper as a madman who uses a loophole in the chain of command to launch an irreversible nuclear attack against Russian targets. His uncompromising belief in the communist plot to poison American's bodily fluids is a comic representation of America's very real anticommunist paranoia. The film includes the classic line delivered in all earnest by Peter Sellers, playing the part of the President of the US, "Gentlemen, you can't fight in here, this is the War

Room."

(30)   With *Full Metal Jacket* (1987), Kubrick focused his attention on the Vietnam War. This film follows the fortunes of a group of marines from basic training to active service in Vietnam. It seriously traces their development as men and soldiers as they come up against

(35) the various horrors of war.

41. The word "it" in line 5 refers to

   (A) period drama

   (B) his work

   (C) war

   (D) the gritty reality

42. The word "vehemently" in line 9 is closest in meaning to

   (A) impatiently

   (B) forcefully

   (C) prudently

   (D) somehow

43. Which of the following lists corresponds chronologically to the release of Kubrick's films?

   (A) *Full Metal Jacket, Dr. Strangelove, Paths of Glory*

   (B) *Dr. Strangelove, Paths of Glory, Full Metal Jacket*

   (C) *Full Metal Jacket, Paths of Glory, Dr. Strangelove*

   (D) *Paths of Glory, Dr. Strangelove, Full Metal Jacket*

44. According to the passage, which of the following is true of World War I?

(A) 9 million soldiers died in it.
(B) 9 million French soldiers died in it.
(C) 9 million French citizens died in it.
(D) 9 million Allied soldiers died in it.

45. The word "suspicion" in line 18 is closest in meaning to

(A) strong belief
(B) skepticism
(C) honor
(D) humor

46. The word "uncompromising" in line 23 is closest in meaning to

(A) undeniable
(B) unfeasible
(C) categorical
(D) off-center

47. Choose the sentence in paragraph 3 that describes the plot of "Dr. Strangelove."

(A) Lines 16–19
(B) Lines 19–22
(C) Lines 22–25
(D) Lines 25–29

48. With which of the following statements would the author most probably agree?

(A) War is pointless.
(B) War is heroic.
(C) War is humorous.
(D) War is necessary.

49. Why does the author quote a line from the film at the end of paragraph 3?

(A) To illustrate how effective the film is
(B) To give an example of antiwar sentiment within the film
(C) To give an example of comedy within the film
(D) To illustrate how classic the film is

50. According to the passage, which of the following is true of Stanley Kubrick?

(A) He always uses comedy to make serious points.
(B) He often uses horror to dramatize real events.
(C) He has used black comedy to dramatize war.
(D) He is mainly a director of comic films.

Test 4

Questions 1–10

Like all fashions, the style and purpose of hats change over time. The forward slanting Greek *petasos* is the earliest known hat and was originally worn as a form of protection from the elements. However, the conical headdress soon became a symbol of liberty as it was presented to Roman slaves upon their emancipation. The cap was later adopted as an icon of the French and American revolutionists. Medieval men in Europe wore various types of head covering such as woolen hoods and cloth caps and their womenfolk generally sported a bonnet of the time. These often indicated status, class or profession.

The Renaissance brought with it new fashions and hats were no exception to this trend. The soft, flat Tudor bonnet was very popular for men while the Renaissance woman preferred more elaborate styles decorated with feathers or brooches for outdoor wear yet favored minimal lace or linen caps indoors. During this period, certain religious groups wore their own distinctive hats such as the plain, stiff-brimmed hat of the Puritans and the unique, soft, low-crowned hat of the Quakers.

The 19th century saw a proliferation of hat styles and it was perhaps this period that saw the hat used more as an indication of status than as a functional accessory. The wide brim of the black bicorne folded up on two sides suggested high social status and stiff hats with stovepipe crowns were an indication of gentry later in the century.

Other styles popular later in this era included the bowler and the boater for city wear and summer wear
(30) respectively. Male laborers tended to wear soft cloth caps of the kind worn for leisure and sports by the men of the higher classes.

During the 20th century, men's hat styles remained basically static but women's millinery took off in a big
(35) way. Designs were constantly changing up to the 1950s when hat wearing declined quite steeply. General interest wasn't rekindled until the 1970s when the hat once again became a fashionable item, particularly at social gatherings such as weddings, funerals and horse races.

1. Which of the following is the main topic of the passage?
 (A) Hat fashions in the medieval ages
 (B) Renaissance hat fashions
 (C) Greek fashions
 (D) The history of hats

2. The word "emancipation" in line 6 is closest in meaning to
 (A) freeing
 (B) suppression
 (C) discovery
 (D) captivity

3. Which of the following is NOT true of the *"petasos"*?

(A) It slopes forward.
(B) It is Greek.
(C) It is a protective military headdress.
(D) It is cone-shaped.

4. The word "hat" as used in paragraph 1 could NOT be replaced by which of the following?

(A) headdress
(B) cap
(C) icon
(D) head covering

5. The word "their" in line 10 refers to

(A) Medieval men in Europe
(B) various types of head covering
(C) woolen hoods
(D) cloth caps

6. The word "plain" in line 20 is closest in meaning to

(A) small
(B) large
(C) unadorned
(D) bright

7. Which of the following gives a true chronological order of hat styles according to information given in the passage?

(A) Tudor bonnet, *Petasos*, Black bicorne

(B) Tudor bonnet, Black bicorne, *Petasos*

(C) *Petasos*, Black bicorne, Tudor bonnet

(D) *Petasos*, Tudor bonnet, Black bicorne

8. Which of the following is true of the Puritan's hat mentioned in the passage?

(A) It is decorative and has a hard brim.

(B) It is basic and has a hard brim.

(C) It is basic and has a soft brim.

(D) It is basic and has a low-crown.

9. The word "proliferation" in line 22 is closest in meaning to

(A) excess

(B) refinement

(C) consolidation

(D) abundance

10. According to paragraph 3, which of the following groups wore soft, cloth caps?

(A) Men and women of the lower classes

(B) Laborers and gentry

(C) Laborers only

(D) Sportsmen and laborers only

Questions 11–20

Anasazi is a term used to identify those prehistoric Native Americans who resided in the Four Corners area, where present-day New Mexico, Colorado, Arizona and
Line Utah meet. Several groups have been distinguished among
(5) the Anasazi, with a great deal of attention and research being focused on the Chaco Anasazi, named after Chaco Canyon in northwest New Mexico. It was there that the Chaco Anasazi developed their sophisticated culture and some of the archeological findings in this area have left
(10) scientists stumped.

To start with, the purpose of the long, straight roads built by the Chaco Anasazi is elusive. Many scholars believe that these roads were used to transport goods and people from place to place yet this explanation cannot
(15) account for the perplexing terrain that the roads cross. The roads frequently climb sheer rock faces, mountains and negotiate other hazardous and physically grueling surfaces; some researchers dismiss the above theory as highly improbable in light of this. One theory has it that
(20) the roads are actually spiritual corridors leading to and from sipapus. These gateways to other worlds can take the form of lakes, mountains or man-made structures.

Another baffling set of questions is how, why and indeed if the Anasazi disappeared. The popular belief that
(25) the Anasazi suddenly disappeared is contended quite ferociously by many specialists. They point to the Pueblo, the direct descendants of the Anasazi, as living proof that this notion is false. However, it cannot be disputed that

they underwent at least one massive migration and decline
(30) in population. The artifacts paint a very clear picture of sudden upheaval and abandonment yet offer scant evidence as to why this occurred. Theories include self-induced environmental destruction, which contrasts markedly with the current image of Native Americans.

11. Which of the following would be the best title for the passage?
  (A) The Anasazi Way of Life
  (B) The Anasazi Roads
  (C) The Anasazi Mysteries
  (D) The Anasazi Civilization

12. The word "stumped" in line 10 is closest in meaning to
  (A) well-informed
  (B) puzzled
  (C) amazed
  (D) speechless

13. Where was the Chaco Anasazi society based?
  (A) New Mexico
  (B) Colorado
  (C) Arizona
  (D) Utah

14. The word "grueling" in line 17 is closest in meaning to

(A) tedious
(B) arduous
(C) dangerous
(D) easy

15. According to the passage, what is a sipapu (line 21)?

(A) A road
(B) A spiritual corridor
(C) A gateway to another world
(D) A geographical feature such as a lake or a mountain

16. The word "belief" in line 24 is closest in meaning to

(A) fallacy
(B) notion
(C) explanation
(D) imagination

17. The word "they" in line 29 refers to

(A) Another baffling set of questions
(B) the Anasazi
(C) many specialists
(D) the Pueblo

18. The word "scant" in line 31 is closest in meaning to

(A) meager
(B) extensive
(C) plausible
(D) nonexistent

19. According to paragraph 3, which of the following is NOT true of the Anasazi?

(A) The Pueblo is direct descendants of the Anasazi.
(B) They experienced a massive migration.
(C) They constantly increased in number.
(D) They might have caused environmental problems.

20. With which of the following statements would the author most probably agree?

(A) The field of Anasazi prehistory is poorly researched.
(B) The study of Anasazi prehistory has little public support.
(C) The study of Anasazi prehistory is highly speculative.
(D) The study of Anasazi prehistory is poorly documented.

Questions 21-30

Rituals were, and in some small pockets still are, firmly implanted in Native American culture and society. Inextricably entwined with this ritualism is the recounting
Line of each culture's oral tradition, generally in the form of a
(5) mythology. A complete mythology usually offers its devotees three broad areas of knowledge: a cosmogony, a worldview and an ethos.

There are various cosmogonies, or creation stories, in Native American cultures. The same tribe may have
(10) several different myths explaining the same incident thus highlighting the fact that myths were not intended to be an infallible statement of fact, as is the case with many of the world's religions, but rather a channel through which the origins of the universe and humanity could be explained.

(15) One of the most common creation myths in Native American culture was the story of the earth diver, according to which water covered the land and divers tried to retrieve a piece of earth. After many failed attempts one hero returned with a piece of earth that forms the present-
(20) day landscape. Another common cosmogony is the emergence myth, which tells the story of how humans emerged from the underworld where they had created too many problems for themselves and found a new home on the earth's surface.

(25) While creation myths often recount tales of heroes, myths that provide us with an ethos of behavior frequently focus on the antics of tricksters such as Coyote and Winabojo. The actions of these characters are seen as

negative examples as they often anger the gods or seduce
(30) young maidens. As well as outlining an ethos, these tricksters are often credited with causing the chaotic aspects of the world such as floods and earthquakes. According to Ojibwa mythology, Winabojo enraged the spirits by slaughtering too many animals and thereby
(35) brought about a great flood. In the Navajo tradition, Coyote did much the same by kidnapping the Water Monster's baby.

21. This passage focuses on which area of Native American culture?

(A) History

(B) Ritualism

(C) Religion

(D) Oral traditions

22. According to the passage, which of the following is NOT true of a mythology?

(A) It is a collection of stories.

(B) It exists solely to describe the creation of the world.

(C) It is generally not held to be factual.

(D) It is associated with rituals.

23. The word "Inextricably" in line 3 is closest in meaning to which of the following?

(A) In a way that cannot be explained

(B) In such a way that it cannot be added to

(C) In a way that cannot be changed

(D) In such a way that it cannot be separated

24. The word "which" in line 17 refers to

   (A) creation myths
   (B) Native American culture
   (C) the story of the earth diver
   (D) divers

25. According to paragraph 3, what does the story of the earth diver provide its listeners with?

   (A) A cosmogony
   (B) A worldview
   (C) An ethos
   (D) A complete mythology

26. The OPPOSITE meaning to the word "retrieve" in line 18 is

   (A) rescue
   (B) deteriorate
   (C) destroy
   (D) lose

27. According to the emergence myth outlined in the passage, why did humans leave the underworld?

   (A) They were forced out by the gods.
   (B) There was a great flood.
   (C) They had caused too much trouble there.
   (D) They were found and brought up by the earth diver.

28. The word "antics" in line 27 could be replaced by

(A) pranks
(B) beliefs
(C) feats
(D) feasts

29. Which of the following sentences explains how trickster myths provide an ethos?

(A) Lines 25–28
(B) Lines 28–30
(C) Lines 30–32
(D) Lines 33–35

30. According to the passage, what did Coyote achieve by kidnapping the Water Monster's baby?

(A) He caused an earthquake.
(B) He caused a flood.
(C) He eased the spirits.
(D) He caused Winabojo to slaughter too many animals.

Questions 31-40

The labor union movement in the United States emerged in response to the increasing industrialization and poor working conditions of the late 19th century.
Line Employees carried out as much as 10 hours of hard labor
(5) per day, wages were low, health and safety regulations barely existed and the use of child labor was omnipresent. These factors, along with the complete absence of job security, fostered the appearance of unions.

The Knights of Labor was the forerunner of such
(10) organizations and began its short lifespan as a secret association for both skilled and unskilled workers. It advocated an eight-hour workday, equal pay for equal work, nationalization of the railroads, the abolition of child labor and health and safety legislation. After its
(15) foundation by Uriah Stephens in 1869, its membership expanded to over 700,000 in 1886. However, after being linked with the Haymarket Riot of that year, a striker's meeting during which a bomb detonated and killed seven people, the membership dwindled to 100,000 by 1890.
(20) Thereafter, the union gradually disappeared.

The American Federation of Labor (AFL) was a later amalgamation of unions that disqualified women and unskilled workers, and thus excluded 90% of the American workforce. It supported much the same as the
(25) Knights of Labor and, despite its exclusions on membership, claimed around 500,000 members by 1900. The official negotiating policy of this federation was collective bargaining but, in cases where this didn't work,

it would support industrial action in the form of strikes.
(30)　　One of the more confrontational factions to emerge at the beginning of the 20th century was the Industrial Workers of the World (IWW) for mainly unskilled workers although there were absolutely no exclusions on membership. Its militancy, however, significantly limited
(35) its appeal to predominantly miners and lumbermen, and the maximum membership it enjoyed was merely around 60,000. This organization had vanished by 1913.

31. Which of the following would be the most suitable title for the passage?

(A) Industrialization in the Late 19th Century

(B) Labor Unions in the Late 19th Century

(C) Working Conditions in the Late 19th Century

(D) Immigration in the Late 19th Century

32. What, according to the author, was the status of child labor in late 19th century America?

(A) It barely existed.

(B) It had disappeared.

(C) It was declining.

(D) It was widespread.

33. The word "expanded" in line 16 is closest in meaning to

(A) surged

(B) dwindled

(C) changed

(D) limited

34. When, according to the passage, was the Haymarket Riot?

(A) 1869
(B) 1885
(C) 1886
(D) 1890

35. According to the passage, who did the Knights of Labor believe should own the railroads?

(A) The government
(B) Skilled and unskilled workers
(C) Only skilled workers
(D) Uriah Stephens

36. The word "amalgamation" in line 22 is closest in meaning to

(A) incorporation
(B) representative
(C) network
(D) division

37. The word "negotiating" in line 27 is closest in meaning to

(A) publicity
(B) starting
(C) closing
(D) bargaining

38. Which of the following is NOT implied by the author?

(A) The Knights of Labor was a successful but short-lived organization.

(B) The Knights of Labor had militant factions.

(C) The AFL was a militant organization.

(D) The AFL was an elitist organization.

39. The word "mainly" in line 32 is closest in meaning to

(A) absolutely

(B) significantly

(C) predominantly

(D) merely

40. Why, according to the passage, did the Industrial Workers of the World, have few members?

(A) It excluded skilled workers.

(B) It excluded unskilled workers.

(C) It was too aggressive.

(D) It was an illegal organization.

Questions 41-50

The first Women's Rights Convention in America, the Seneca Falls Convention, took place in 1848. The organizer, Elizabeth Stanton, was at the time a prominent abolitionist. The outcome of the assembly came to be known as the Declaration of Sentiments, as it took the Declaration of Independence as its model; it included comprehensive voting rights for women. Although the convention won the support of a handful of eminent Americans, many citizens reacted to the new movement with outrage and derision.

In succeeding years, the women's suffrage movement in America was fully incorporated into abolitionist and temperance groups. By 1869, however, these two groups had become nervous about the negative image of women's suffrage and began to pressure them to ease their demands. It was in this year that two separate women's suffrage pressure groups were formed.

The National Woman Suffrage Association campaigned for full voting rights for women on a federal level while the American Woman Suffrage Association pressed for the granting of suffrage on a state-by-state basis. Not surprisingly, the latter enjoyed a great deal more success with Wyoming giving full voting privileges to women in the very year the association was created, closely followed by Utah in 1870.

The American suffrage movement, unlike its counterpart in Britain, was a non-militant organization with the notable exception of an incident in 1872 that

focused attention on the demands of the suffragists. Susan
(30) Anthony, one of the founders of the National Woman
Suffrage Association interpreted the 15th Amendment as
applying to women. She went to a polling booth in New
York and managed to persuade officials to let her and
twelve other women vote. A few weeks later she was
(35) arrested, put on trial and ordered to pay a fine of $100.
She refused to pay and the judge decided to drop the
matter.

Before the 19th Amendment, giving full voting rights
to women, was passed in 1920, numerous states had
(40) already granted them full voting rights. Among these were
Michigan in 1918 and California in 1911.

41. Which of the following is the main topic of the passage?
   (A) The women's rights movement
   (B) The abolitionist movement
   (C) The women's suffrage movement
   (D) The temperance movement

42. The word "prominent" in line 3 is closest in meaning to
   (A) infamous
   (B) eminent
   (C) competent
   (D) brilliant

43. The word "comprehensive" in line 7 is closest in meaning to

(A) knowledgeable
(B) complete
(C) understandable
(D) limited

44. According to the author, which of the following statements is NOT true of the suffragists?

(A) They were ridiculed.
(B) They were divided.
(C) They were militant.
(D) They were successful.

45. The phrase "the latter" in line 22 refers to

(A) The National Woman Suffrage Association
(B) full voting rights
(C) the American Woman Suffrage Association
(D) the granting of suffrage

46. The word "counterpart" in line 27 is closest in meaning to

(A) equivalent
(B) opponent
(C) supporter
(D) companion

47. According to the information in the passage, which of the following sequences corresponds to the order in which states gave women the right to vote?
(A) Utah, Wyoming, Michigan, California
(B) Utah, Wyoming, California, Michigan
(C) Wyoming, Utah, California, Michigan
(D) Wyoming, Utah, Michigan, California

48. Why does the author mention the Susan Anthony trial of 1872?
(A) To give an example of the extreme militant tactics of the suffragists
(B) To give an example of an unusual tactic used by the suffragists
(C) To illustrate the difference between the American and British suffrage movements
(D) To illustrate how the American suffragists were similar to the British suffragists

49. According to the passage, in which of the following years was the federal voting privileges given to women?
(A) 1869
(B) 1872
(C) 1911
(D) 1920

50. Which of the following does the author imply about the aims and tactics of pressure groups?
(A) Working towards an ultimate goal in stages is more effective than working only towards that goal.
(B) Working for one goal is more effective than working for several.
(C) Using militant tactics is more effective than using lawful tactics.
(D) Using both militant and lawful tactics is desirable.

83

Test 5

Questions 1–10

The *Mayflower* set sail from the port of Plymouth on the south shore of England in September 1620 and arrived in Provincetown harbor some two months later. It carried
Line the Pilgrims, the founders of modern America, who
(5) founded the first English colony in the New World. The site they chose to settle, after some exploration around the Cape Cod area, is now known as Plymouth, Massachusetts, christened after the pilgrim's port of departure.

(10) Before disembarking, the Pilgrims compiled and signed the Mayflower Compact, an agreement endorsed by each male adult. This agreement gave the settlers powers to enact laws for the good of the planned community and specified that the settlement be ruled by
(15) the will of the majority. It was the first democratic colonial agreement and was used as a foundation for the constitutional legal system of the United States.

Contrary to popular belief, the Pilgrims were not Puritans. The majority of passengers on the *Mayflower*
(20) were in actual fact from a Separatist background and in many ways more devout than those with a Puritan outlook. They shunned the Church of England and its submission to the state whereas the Puritans, who arrived in the area and formed the Massachusetts Bay Colony a few years
(25) later, aimed to purify the Church of England without severing all ties with it. The two groups gradually became indistinguishable hence the common misconception about

the Pilgrims.

(30) The Pilgrims are generally credited with celebrating the first ever Thanksgiving in the United States after the first crops they harvested. Though, the Native Americans certainly would have performed elaborate acts of worship and gratitude for harvests prior to their arrival. It is a fallacy, however, that the Pilgrims celebrated
(35) Thanksgiving every year.

Another surprising fact is that the Pilgrims initially had a fairly trouble-free existence in Plymouth as they were befriended by the Native American Squanto who taught them how to fish and plant corn as well as acting as
(40) an interpreter for the Treaty of Plymouth, a peace treaty between the Pilgrims and the Native Chief Massasoit.

1. What is the main topic of the passage?

(A) The *Mayflower*
(B) The Pilgrims
(C) The New World
(D) Plymouth, Massachusetts

2. What is the *Mayflower*?

(A) A famous flower
(B) A famous group of settlers
(C) A famous ship
(D) A famous agreement

3. Where did the Pilgrims depart from when they boarded the *Mayflower*?

    (A) England
    (B) Provincetown
    (C) Cape Cod
    (D) Massachusetts

4. The word "signed" in line 11 is closest in meaning to

    (A) wrote
    (B) endorsed
    (C) copied
    (D) specified

5. Choose the sentence in paragraph 3 that illustrates a key difference between Puritans and Separatists.

    (A) Lines 18–19
    (B) Lines 19–21
    (C) Lines 22–26
    (D) Lines 26–28

6. Who founded the Massachusetts Bay Colony?

    (A) The Pilgrims
    (B) The Puritans
    (C) The Separatists
    (D) The Native Americans

7. The word "their" in line 33 refers to

   (A) The Pilgrims
   (B) the first crops
   (C) the Native Americans
   (D) elaborate acts of worship and gratitude

8. The word "fallacy" in line 34 is closest in meaning to

   (A) fact
   (B) exaggerated statement
   (C) misconception
   (D) guess

9. Which of the following does the author imply?

   (A) The history of the Pilgrims is completely untrue.
   (B) The history of the Pilgrims is often misconstrued.
   (C) The history of the Pilgrims is very uncertain.
   (D) The history of the Pilgrims is in general reliable.

10. According to the passage, which of the following is NOT true of Squanto?

    (A) He was hostile.
    (B) He was Native American.
    (C) He understood English.
    (D) He was friendly.

Questions 11-20

Although the Spanish explorer Hernando De Soto passed through the region in the southern United States now known as Louisiana as early as 1540, it was not until
Line
(5) 1682 that Louisiana became a French colony. The original Native American population had already been drastically reduced by De Soto's expedition and the new diseases it introduced to the region. The French therefore faced little resistance from the indigenous inhabitants. The region was named Louisiana as a tribute to the reigning King of
(10) France, Louis XIV.

Until 1764, the French speakers living in Louisiana were Creoles, descendants of the first French settlers. They aimed to model their colony on the European feudal system, whereby farmers and slaves would be subservient
(15) to Creole nobles. However, in 1764 exiles from the French colony of Acadia on the east coast of Canada began arriving in Louisiana bringing with them democratic ideals and consciousness. Not surprisingly, the Creole community did not welcome the new immigrants.

(20) This new group of French-speaking immigrants initially abhorred the practice of slave ownership that proliferated in Louisiana amongst the Creoles. Even so, second and third generation Acadians soon lost their egalitarian standards and by 1810, the lion's share of
(25) Acadian households owned slaves. Intermarriage between the two groups also became common and assimilation of Acadians into the Creole culture was virtually complete by 1880.

> Among the less affluent groups of Acadians, Creoles,
> (30) British Americans and other European immigrants, it was
> the Acadian culture which prevailed. To this day, the
> French-speaking people in Louisiana are known as
> Cajuns, a derivative of the word Acadian.

11. Which of the following would be the most suitable title for the passage?

(A) The History of Spanish Colonization in the New World

(B) The History of French Colonization in Canada

(C) The History of French-Speakers in Louisiana

(D) The History of Louisiana

12. The word "it" in line 6 refers to

(A) The original Native American population

(B) De Soto's expedition

(C) the new diseases

(D) the region

13. According to the passage, who were the first people to colonize Louisiana?

(A) The Spanish

(B) Native Americans

(C) The French

(D) The Acadians

14. The author states "The French therefore faced little resistance from the indigenous inhabitants" in paragraph 1. What is the purpose of this sentence in the paragraph?

(A) To explain the preceding sentence
(B) To explain the subsequent sentence
(C) To explain the reason for the preceding sentence
(D) To explain the consequence of the preceding sentence

15. Choose the sentence in paragraph 2 that describes the Creoles' ideal system of government.

(A) Lines 11–12
(B) Lines 13–15
(C) Lines 15–18
(D) Lines 18–19

16. The word "exiles" in line 15 is closest in meaning to

(A) explorers
(B) deportees
(C) travelers
(D) intruders

17. The word "abhorred" in line 21 is closest in meaning to

(A) loathed
(B) liked
(C) criticized
(D) appreciated

18. According to the passage, which of the following was true in 1810?

(A) All Acadian households owned slaves.

(B) Most Acadian households owned slaves.

(C) Some Acadian households owned slaves.

(D) No Acadian households owned slaves.

19. The word "affluent" in line 29 is closest in meaning to

(A) well-preserved

(B) rich

(C) poor

(D) well-adjusted

20. Which of the following does the author imply?

(A) All indigenous Louisianans are French-speaking.

(B) All Acadian descendants are English-speaking.

(C) All Cajuns are French-speaking.

(D) All Louisianans are French-speaking.

Questions 21-30

      Stagecoaches began operations in the United States in 1858. That was when the U.S. Post Office contracted with John Butterfield to convey mail and packages from
Line Missouri to California. His firm was the Overland Mail
(5) Company, and its vehicle was the overland stage, "overland" designating land transportation from the Mississippi River to the Pacific Ocean. Butterfield undertook to deliver mail across the Great Plains in 25 days; initially, carrying passengers was secondary to
(10) hauling mail and freight.

      Two stagecoaches journeyed eastward and two more westward each week. Butterfield's service expanded to an eventual peak of 250 coaches pulled by 1,800 horses to 160 stage stations; a route some 2,800 miles long that
(15) extended from St. Louis to San Francisco. The trip normally took 22 to 24 days and cost $200 for westbound passengers, but only $150 for the less popular eastbound trip, with 40 pounds of luggage free either way. The vehicle was the Concord Coach, named after Concord,
(20) New Hampshire, where it was assembled.

      Butterfield's stagecoach service soon had competition for rapid mail delivery from the Pony Express. This went from St. Joseph, Missouri, to Sacramento, California, a 1,830-mile distance with 190 stations along the way.
(25) Carrying letters and documents over this route were 80 Pony Express riders, each of whom rode about 75 miles, changing horses every 10 miles or so in less than two minutes at each stop. Four leather sacks were handed from

rider to rider, and the fastest trip is said to have taken 7
(30) days and 17 hours.

Stagecoach and Pony Express service alike were short-lived, both of them victims of improved technology. The Pony Express lasted merely a year and a half (April 3, 1860, to October 24, 1861), and was doomed by the
(35) transcontinental telegraph line, which started transmitting in October 1861. Meanwhile, the Overland Mail Company survived another five years until 1866, at which time it was sold to Henry Wells, the founder of Wells Fargo & Company. This is how the stagecoach service came to be
(40) named Wells Fargo, even though its passenger service stopped soon after the transcontinental railroad was completed in 1869.

21. What does this passage mainly discuss?
(A) Overland mail and passenger service
(B) Mail delivery service in the United States
(C) The life of John Butterfield and Henry Wells
(D) The transcontinental telegraph and railway service

22. The word "designating" in line 6 is close in meaning to
(A) servicing
(B) contracting
(C) delivering
(D) indicating

23. The word "assembled" in line 20 is closed in meaning to

(A) broken up
(B) put together
(C) mixed together
(D) thrown away

24. Pony Express service was about how many times faster than stagecoach service?

(A) two
(B) three
(C) four
(D) five

25. Pony Express mail sacks

(A) were handed to the next rider every 75 miles
(B) were handed every 10 miles or so to the next rider
(C) took less than two minutes to clean at each stop
(D) took 7 hours and 17 minutes to reach the West Coast on average

26. The word "doomed" in line 34 is closest in meaning to

(A) destined to end
(B) taken over
(C) programed to manage
(D) controlled

27. The word "founder" in line 38 is closest in meaning to

(A) discoverer
(B) originator
(C) locator
(D) undertaker

28. What is the main topic of paragraph 4?

(A) The transcontinental telegraph replaced the Pony Express Service.
(B) The transcontinental railroad replaced the overland stage service.
(C) Technological advancement replaced horse-powered transportation.
(D) Overland transportation was short-lived.

29. According to the passage, how long did overland stagecoach passenger service last in America?

(A) For 22 to 24 days
(B) From 1858 to 1866
(C) For a year and a half
(D) For 11 years

30. From this passage, it may NOT be inferred that

(A) Wells, Fargo stopped its passenger service in the 1860s.
(B) Wells, Fargo constructed the transcontinental railroad.
(C) The transcontinental telegraph started operating in the 1860s.
(D) The railroad improved passenger transportation in the 1860s.

Questions 31-40

Ever since the United States became a nation, there has been disagreement about how people should acquire land from the government. Public lands were originally
Line sold to raise money for the government, but during
(5) economic hard times, poor farmers and unemployed workers pressed for the chance to start farms on unoccupied government-owned land in the West.

Both large landowners in the South, who worked their plantations with slaves, and factory owners in the
(10) Northeast opposed giving land to settlers in the West. The Southerners were afraid that new states in the West, made up of small, independent farmers, would oppose slavery. The factory owners feared that many poor people would move West and no longer be available as a cheap source of
(15) labor.

After Southern states seceded from the United States at the start of the Civil War, Congress was finally able to pass the first of the Homestead Acts, the Homestead Act of 1862. Through this law, an individual could receive free
(20) land for farming by meeting specific conditions. The applicant must never have fought against the U.S. government and had to be at least 21 years of age or be the head of a household. Women and freed slaves were eligible. The homesteader had to file an application, live
(25) on the land for five years, and improve it.

The Homestead Acts accomplished only part of their goal of giving land to individual farmers. The amount of land given was not enough to create self-supporting farms

on the dry land of the Great Plains. Only an estimated 40
(30) percent of the homesteaders succeeded in actually obtaining their land. Further, land speculators used loopholes in the law or even bribery to obtain large amounts of land.

Despite these problems, the Homestead Acts did give
(35) some poor farmers the land they needed to support themselves and their families, and they certainly contributed to the faster settlement and development of the West.

31. What is the passage mainly concerned about?
(A) Early settlers in America in the 19th century
(B) The conflict between the North and the South
(C) A land distribution program set by the government
(D) The development of agriculture in the 19th century

32. The word "acquire" in line 2 is closest in meaning to
(A) distribute
(B) obtain
(C) maintain
(D) escape

33. According to the passage, why did factory owners argue against the land distribution to the settlers in the West?

(A) They thought settlers would buy their factories with received land.

(B) They thought settlers would prefer farming to working at factories.

(C) They thought the land distribution would end slavery.

(D) They thought land prices would increase.

34. The word "specific" in line 20 is closest in meaning to

(A) exact
(B) ambiguous
(C) indefinite
(D) personal

35. The word "eligible" in line 24 is closest in meaning to

(A) ignored
(B) exempted
(C) encouraged
(D) entitled

36. All of the following were able to apply for the Homestead Act of 1862 EXCEPT

(A) those who were 21 years old
(B) those who could live on the land
(C) those who were head of a family
(D) those who were currently held as a slave

37. According to paragraph 4, why didn't all homesteaders succeed in having their land?

(A) The land was too large for them to till.

(B) The government failed to provide them with enough machinery.

(C) Land speculators did not buy their land.

(D) The land area was too small to allow them to make a living on it.

38. The word "loopholes" in line 32 is closest in meaning to

(A) orders

(B) tactics

(C) ambiguities

(D) funds

39. What can be inferred about the land given to the homesteaders?

(A) It was bought from landowners in the South.

(B) It was owned by the United States.

(C) It was fertile and well watered.

(D) It was available only in the South.

40. What can be inferred about the Homestead Acts?

(A) They benefited Southern landowners.

(B) They created nationwide unemployment and poverty.

(C) They caused the Civil War to occur.

(D) They facilitated growth in the West.

Questions 41–50

From 1820 to 1855, New York City grew so rapidly that its population almost quadrupled. People began seeking out quiet, uncrowded spaces, but those were generally cemeteries. By 1844, William Cullen Bryant, editor of the Evening Post, and Andrew Jackson Downing, a landscape architect, began campaigning for a public park. Influential New Yorkers pressed for an elegant park like Hyde Park in London, with open-air driving. The New York legislature approved the purchase of 700 acres of land for five million dollars, and, in 1857, the Central Park Commission held a contest for the best design for the park. The Greensward Plan, by Frederick Law Olmstead and Clavert Vaux, was chosen as the winner.

The construction of the park was a monumental undertaking. Ten million cartloads of rocks, soil, etc. were taken from the park and replaced with 18,500 cubic yards of topsoil. Four million trees, bushes, and other plants were transplanted there.

The park was completed in 1873 but soon became neglected, mainly due to lack of interest from Tammany Hall, the political organization that controlled much of New York City politics. There was little maintenance of the park, and dead plants were not replaced.

The election of the anti-Tammany Fiorello La Guardia as mayor of New York City brought significant change. Robert Moses was appointed to clean up the park, a major project that he managed within a year. He also changed the vision of the park to be one which would be used for

recreation, with numerous playgrounds, ball fields, and
(30) other such facilities.

After his departure, however, the park again went into decline. Large events such as rallies and concerts were held there, but crime had risen, and the park became dangerous at night. In 1980, the Central Park Conservancy,
(35) an organization of citizens and governmental employees, was established to reclaim the park. It has done extensive work, and today Central Park is again a popular place to go, with some 38 million visitors a year.

41. What does the passage mainly discuss?

(A) A conflict among New York City politicians

(B) The importance of maintaining public parks

(C) The history of New York City's Central Park

(D) The activities held at New York City's Central Park

42. The word "Influential" in line 7 is closest in meaning to

(A) Powerful

(B) Supportive

(C) Rich

(D) Critical

43. The word "monumental" in line 14 is closest in meaning to

(A) normal

(B) huge

(C) inconsequential

(D) obsolete

44. When did New York City finish Constructing the Central Park?

(A) In 1820

(B) In 1844

(C) In 1857

(D) In 1873

45. According to paragraph 3, what can be inferred about the Central Park?

(A) Tammany Hall politicians sold much of it.

(B) New Yorkers cherished it.

(C) New York City's government took good care of it.

(D) New York City's government disregarded it.

46. Robert Moses did all of the following to the Central Park EXCEPT

(A) cleaned up

(B) created playgrounds

(C) changed the concept

(D) bought another acres of land

47. Why did the Central Park become unpopular just before the 1980s?

(A) Concerts were no longer allowed at the park.

(B) The park playgrounds were closed.

(C) The park had a high crime rate.

(D) The park was overcrowded.

48. The word "reclaim" in line 36 is closest in meaning to

   (A) plow
   (B) build
   (C) recover
   (D) hurt

49. Which of the following can be inferred about the Central Park Conservancy?

   (A) Its work is not satisfactory.
   (B) It is organized entirely by government officials.
   (C) New Yorkers have participated in it.
   (D) It sells souvenirs to visitors.

50. The word "It" in line 36 refers to

   (A) his departure
   (B) decline
   (C) the park
   (D) the Central Park Conservancy

Final Test

Questions 1–10

Sunspots are dark areas that appear temporarily on the surface of the sun and that are carried around the sun by its rotation, expanding and contracting as they move. They are composed of a darker center, the umbra, and a lighter area around it, the penumbra. Sunspots vary in size, but the largest, approximately 50,000 miles in diameter, can be seen, with precautions, from the Earth without a telescope. They often appear in groups of up to 100, though groups of more than 10 are not usual.

Line (5)

(10) Scientists have found that a sunspot is actually a relatively cool spot on the sun, where a strong magnetic field is restricting the flow of heat from the core of the sun, where it is produced by nuclear fusion. It is cool only in comparison to the temperatures around it, since its

(15) temperature is 4000 degrees kelvin, much hotter than anything on the Earth, in comparison to the 5700 degrees kelvin of the rest of the solar surface. Similarly, it is dark only in comparison to the brighter solar surface around it. If a moderately bright sunspot were surrounded by a night

(20) sky, it would be as bright as a full moon.

It has been known since 1843 that sunspots appear in cycles and the number of sunspots varies over time. The number increases and decreases on a cycle that averages about 11 years from one peak of activity to the next.

(25) However, the number of sunspots at the "solar minimum," when there is little sunspot activity, and the number at the "solar maximum," when there is the greatest amount, is

not consistent, and scientists cannot predict with certainty the number there will be at future times.

(30)   Periods of high sunspot activity can affect the Earth. They produce auroras and can interfere with electrical power, radio communication, and satellites, which travel outside the protection of the Earth's magnetic field.

1. What does the passage mainly discuss?

(A) An astronomer who studied sunspots
(B) The structure of the sun
(C) The irregularities of sunspots
(D) General information about sunspots

2. The word "contracting" in line 3 is closest in meaning to

(A) shrinking
(B) glowing
(C) increasing
(D) signing

3. According to paragraph 1, which of the following statements is true?

(A) A sunspot maintains its size throughout its life.
(B) Sunspots can only be seen with a telescope.
(C) Sunspots are typically more than 50,000 miles in diameter.
(D) Sunspots usually appear in groups of less than 10.

4. The word "moderately" in line 19 is closest in meaning to

(A) excessively
(B) somewhat
(C) apparently
(D) thinly

5. According to paragraph 2, sunspots are

(A) as hot as the rest of the solar surface
(B) cooler than the rest of the solar surface
(C) hotter than the rest of the solar surface
(D) brighter than the rest of the solar surface

6. When is the "solar maximum"?

(A) When there is a large sunspot
(B) When there are a lot of sunspots
(C) When there is no sunspot activity
(D) Exactly 11 years after the "solar minimum"

7. The word "consistent" in line 28 is closest in meaning to

(A) understandable
(B) negligible
(C) uniform
(D) variable

8. The word "which" in line 32 refers to
   (A) Periods
   (B) auroras
   (C) electric power
   (D) satellites

9. According to the passage, which of the following will be true about sunspot activity?
   (A) It facilitates radio communication.
   (B) It never reaches to the Earth.
   (C) It can affect electric power.
   (D) It can prevent auroras.

10. Which of the following statements would the author mostly agree with?
    (A) Sunspots appear where a particularly strong magnetic field exists on the sun.
    (B) Satellites are best launched when there is high sunspot activity.
    (C) Sunspots release the sun's heat more readily than other areas in the sun.
    (D) Sunspots are visible when there is a full moon.

Questions 11–20

Unlike English speakers, who use separate words to impart meaning such as location, direction and manner, many Native Americans employ prefixes and suffixes, *Line* additions to the front and end of a word respectively, to
(5) convey such ideas. Not surprisingly, Native American languages thus tend to be highly economical. Even so, the use of prefixes and suffixes in Native American languages varies greatly from tribe to tribe. A few tribes use affixation relatively sparingly yet others have only a
(10) handful of root words to which prefixes and suffixes are added, thus forming a meaningful sentence.

A universal use of prefixes and suffixes is to indicate tense, person, number and gender. This is similar to the English *-ed* and *-s*, which signify tense and number in that
(15) order. Many Native American languages, particularly those spoken along the Pacific Coast, use prefixes and suffixes to make complex divisions of the concept of location. As well as the usual meanings of "inside," "outside," etc., these languages often have prefixes that
(20) carry the sense of "upriver," "downriver," "uphill," "deep in the woods" and "out of sight."

Another way in which this linguistic procedure is used in Native American languages is to describe the manner in which something is done. Where English speakers would
(25) use an adverb or an adverbial phrase, Native Americans use affixation. For example, prefixes such as "by walking" and "by horse" can be added to the verb *to go*, and the resulting word may correspond to the English phrases, *go*

on foot and *go by horse*.

(30) Another manner in which prefixes and suffixes are used in Native American languages is to indicate the agent of an action, or the one that acts, the receiver of an action, the one that is affected by the action. This feature, added to the uses of affixation outlined above, means that a
(35) rather detailed concept may be described in one word alone.

11. Which of the following is the main topic of the passage?

(A) The English language
(B) Native American languages
(C) Prefixes
(D) Linguistic procedures

12. The word "impart" in line 2 is closest in meaning to

(A) change
(B) employ
(C) pass on
(D) impair

13. Which of the following words means the use of prefixes and suffixes?

(A) Addition
(B) Economical
(C) Affixation
(D) Fixation

14. The word "sparingly" in line 9 is closest in meaning to

(A) safely
(B) profusely
(C) rarely
(D) cautiously

15. What, according to the passage, does the suffix -s signify in English?

(A) Gender
(B) Tense
(C) Person
(D) Number

16. What, according to the passage, is the function of adverbs in English?

(A) To describe the tense of an action
(B) To describe the location of an action
(C) To describe how an action is done
(D) To describe the agent of an action

17. Which of the following is NOT mentioned in the passage as a meaning for a prefix or suffix in Native American languages?

(A) Upriver
(B) Downhill
(C) Out of sight
(D) By walking

18. Which of the following statements would the author most probably agree with?

(A) English speakers prefer not to use prefixes and suffixes.

(B) The English language is not as economical as Native American languages.

(C) English is a highly complex language.

(D) English speakers use too many words.

19. The word "agent" in line 31 is closest in meaning to

(A) mediator

(B) representative

(C) negotiator

(D) executor

20. According to the passage, which of the following statements is NOT true?

(A) All Native American languages use prefixes or suffixes to denote location.

(B) All Native American languages use affixation for grammatical information.

(C) Native American languages tend to use prefixes and suffixes more than English.

(D) Native American sentences tend to be shorter than English sentences.

Questions 21–30

In 1806, 30 years after its foundation, the United States consisted of 17 states and a largely unsettled area to the west. The 13 original states lay along the East Coast, and the other four states adjoined them. The land to the
(5) west was hard to reach because of the difficulties of transportation. There were no trains or highways, and travel by water depended on the availability of navigable rivers or lakes. Thus, western New York State was considered frontier territory. Even more remote were the
(10) area around the Great Lakes and the area acquired from France in the Louisiana Purchase, which had doubled the size of the United States in 1803.

It was the Erie Canal, which connected the Hudson River to Lake Erie, that provided a complete waterway
(15) from New York City to the Great Lakes in 1825 and first gave easy access to this western region. It carried people and products west, and, because it cut the cost of shipping agricultural products from the West to the cities of the East by 95%, it enabled farmers to ship bulky, low-priced
(20) crops to these markets profitably. Trade soared. New business and manufacturing sprang up in western New York, and population surged.

New York City was also profoundly affected. It rapidly grew and took preeminence over Boston, Baltimore, and
(25) New Orleans as a port. Natural resources and agricultural products passed through it from the West, while imports of machinery and manufactured goods passed through to the West. New businesses associated with trade and shipping

developed, and the population of New York City
(30) quadrupled. New York became the main port of entry for thousands of immigrants from Europe, many of them headed for western farmlands.

In sum, the canal provided transportation that facilitated the settlement of the frontier. It also facilitated
(35) trade, which fostered the development and expansion of agriculture and industry.

21. What does the passage primarily discuss?

(A) The development of the Great Lakes
(B) The development of agriculture in the United States
(C) The history of the Louisiana Purchase
(D) The role of the Erie Canal in American history

22. The word "adjoined" in line 4 is closest in meaning to

(A) protested
(B) favored
(C) separated
(D) bordered

23. According to paragraph 1, why was western Now York State considered "frontier territory (line 9)"?

(A) Because Americans preferred the East Coast.
(B) Because it was more remote than the Great Lakes.
(C) Because of the limited transportation to and from the area.
(D) Because it was obtained from France.

24. The word "it" in line 17 refers to

(A) the Erie Canal
(B) a complete waterway
(C) New York City
(D) the Great Lakes

25. The word "soared" in line 20 is closest in meaning to

(A) decreased
(B) subsided
(C) grew
(D) pacified

26. According to paragraph 2, which of the following can be inferred from the passage?

(A) The Erie Canal increased the cost of shipping agricultural products.
(B) The West made agricultural products at low cost.
(C) The Erie Canal only provided a partial network from Lake Erie to the Great Lakes.
(D) The western farmers became poor.

27. The word "profoundly" in line 23 is closest in meaning to

(A) rather
(B) intensely
(C) superficially
(D) marginally

28. According to paragraph 3, what can be inferred about New York City?

(A) It was transcended by New Orleans as a port.

(B) It experienced rapid economic growth.

(C) It discouraged existing businesses from growing.

(D) It did not deal with natural resources.

29. The word "fostered" in line 35 is closest in meaning to

(A) promoted

(B) started

(C) altered

(D) discouraged

30. All of the following are the result of the construction of the Erie Canal EXCEPT

(A) It enabled the West to ship agricultural products easily.

(B) Lake Erie became the main port of entry for immigrants from Europe.

(C) The population of New York City increased rapidly.

(D) The cost of transporting products decreased significantly.

Questions 31-40

Line
(5)

(10)

(15)

(20)

(25)

The genre of the musical is a product of the 20th century, although its roots go back further to the operetta, pantomime and vaudeville theatrical strains of the 19th century. It is a challenge to ascertain exactly why musicals are so universally popular, appealing to such a large diversity of social and economic groups. Unlike many previous art forms used as entertainment, the musical is accessible to all. This could be due to a number of complex and interwoven factors as disparate as automation and underscoring.

The broader socio-economic spectrum of the 20th century sheds light on how the musical came to be the success that it is today. Increased automation and the establishment of trade unions led to a higher number of leisure hours for average workers while generally allowing them to enjoy a similar or even higher salary in real terms. The emigration from Europe to the United States of many young operetta composers led to a uniquely American style of operetta, which perhaps bridged the gap between 19th century theatre and the 20th century musical.

Also to be considered when determining the reasons for the comprehensive appeal of musicals is the style of the modern musical itself. Techniques such as underscoring, whereby dialogue or movement forms the centerpiece, and music is used merely as background; adaptation of musical plots from popular novels, as exemplified by *Showboat*; and the simplification and modernization of both the music and its accompanying text all helped to popularize the genre.

(30) As the century progressed, musicals adapted to the times by becoming more serious, often using current events and politics as inspiration for their plots. *Candide* (1956) was the musical version of Voltaire's inspired satirical novel and *West Side Story* (1957), a modern
(35) translation of Shakespeare's *Romeo and Juliet*, focused on gang violence in New York. It is hardly surprising that these musicals had a wider appeal than their 19th century forerunners that were based on fantasy settings and events.

31. Which of the following would be the most suitable title for the passage?

(A) The History of Musicals

(B) The Content of Musicals

(C) The Politicization of Musicals

(D) The Popularity of Musicals

32. According to the passage, which of the following best describes vaudeville?

(A) It is the name of a famous theatre.

(B) It is a type of 19th century musical.

(C) It is a type of 19th century operetta.

(D) It is a type of staged production.

33. The word "interwoven" in line 9 is closest in meaning to

(A) simple
(B) orthodox
(C) connected
(D) independent

34. What, according to paragraph 1, is the relation between automation and underscoring?

(A) They are alike.
(B) They are incongruent.
(C) They are comparable.
(D) They are indistinguishable.

35. The word "them" in line 16 refers to

(A) trade unions
(B) a higher number of leisure hours
(C) average workers
(D) real terms

36. The word "comprehensive" in line 22 is closest in meaning to

(A) inclusive
(B) comprehensible
(C) understandable
(D) continuous

37. According to the passage, which of the following is true of musicals?

(A) They are distinct from earlier forms of theatre.

(B) They are an upshot of the 19th century.

(C) They have a limited sphere of influence.

(D) They are largely based on fantasy.

38. Which of the following is NOT mentioned as a reason for the appeal of musicals?

(A) Emigration

(B) Simplicity

(C) Centrality

(D) Contemporariness

39. What is underscoring?

(A) Using no music in a scene

(B) Using music as accompaniment to the main focus of a scene

(C) Using music as the main focus of a scene

(D) Using only music in a scene

40. According to the passage, which of the following musicals was set in New York?

(A) *Showboat*

(B) *Candide*

(C) *West Side Story*

(D) *Romeo and Juliet*

Questions 41-50

Ivan Pavlov, a famous Russian physiologist, made his observations about conditioned responses during research on digestion in dogs. When studying rates of salivation, he
Line noticed that the dogs began to salivate, or produce saliva,
(5) when his assistant entered the room. They were salivating before they were actually given food. Salivation is an automatic, involuntary reflex to food, but in this case, it was not being produced by food. It was being produced by a neutral stimulus, i.e., his assistant entering the room. It
(10) seemed that the dogs had learned to associate the arrival of his assistant with food, so they salivated when they saw the assistant come in.

Pavlov began to investigate this type of learned response. Food was the automatic, or unconditioned,
(15) stimulus for salivation, and salivation was the unconditioned response. Pavlov presented the food just after presenting a neutral stimulus which did not automatically result in salivation. The stimulus which has become most famous was a bell that he rang before
(20) presenting food. In each case, he rang the bell, and then he would give the dogs food. After doing so a number of times, the dogs would salivate after he rang the bell. Ringing the bell, a previously neutral stimulus, had become a conditioned stimulus, and it now elicited
(25) salivation, a conditioned response (instead of no response at all).

He then carried his experiment further. After the dogs were salivating when he rang the bell, he stopped giving

them the food. After this situation was repeated a number
(30) of times, the dogs stopped salivating when he rang the
bell. Eliminating the conditioned response is called
extinction of that response. However, he found that, after
extinction, if he again rang the bell and gave the dogs
food, they would again salivate when he rang it, a situation
(35) which he called spontaneous recovery.

41. What does the passage primarily discuss?

(A) The amount of salivation in dogs
(B) The stimulus of a certain behavior
(C) The training of dogs
(D) The manufacturing of bells

42. The word "involuntary" in line 7 is closest in meaning to

(A) intended
(B) professional
(C) willing
(D) unintentional

43. According to paragraph 1, when did Ivan Pavlov notice "conditional responses" first?

(A) When he gave the dogs food
(B) When he entered the room
(C) When he saw his assistant enter the room
(D) When he removed a food tray from the dogs

44. The word "It" in line 8 refers to

(A) food
(B) Salivation
(C) an automatic, involuntary reflex
(D) a neutral stimulus

45. The word "learned" in line 13 is closest in meaning to

(A) academic
(B) natural
(C) acquired
(D) erudite

46. According to paragraph 2, why did the dogs salivate when they heard the bell?

(A) Because the bell was a neutral stimulus
(B) Because the bell signaled the arrival of food
(C) Because the bell enhanced appetite
(D) Because the bell signaled the appearance of Ivan Pavlov

47. The word "elicited" in line 24 is closest in meaning to

(A) precluded
(B) brought about
(C) put off
(D) swallowed

48. What would happen if the dogs were not given food many times after a bell rang?

(A) They stopped salivating when they heard the bell.

(B) They barked a lot when they heard the bell.

(C) They continued to salivate after hearing the bell.

(D) They stopped eating after hearing the bell.

49. Which of the following statements about "spontaneous recovery" (line 35) can be inferred from the passage?

(A) It can be repossessed easily.

(B) It requires a lot of training.

(C) It is an involuntary reflex.

(D) It is a neutral stimulus.

50. Which of the following terms is defined in the passage?

(A) "digestion" (line 3)

(B) "an automatic, involuntary reflex" (lines 6–7)

(C) "a neutral stimulus" (line 17)

(D) "spontaneous recovery" (line 35)

Answer Sheet

Primary Test

1 Ⓐ Ⓑ Ⓒ Ⓓ	11 Ⓐ Ⓑ Ⓒ Ⓓ	21 Ⓐ Ⓑ Ⓒ Ⓓ	31 Ⓐ Ⓑ Ⓒ Ⓓ	41 Ⓐ Ⓑ Ⓒ Ⓓ
2 Ⓐ Ⓑ Ⓒ Ⓓ	12 Ⓐ Ⓑ Ⓒ Ⓓ	22 Ⓐ Ⓑ Ⓒ Ⓓ	32 Ⓐ Ⓑ Ⓒ Ⓓ	42 Ⓐ Ⓑ Ⓒ Ⓓ
3 Ⓐ Ⓑ Ⓒ Ⓓ	13 Ⓐ Ⓑ Ⓒ Ⓓ	23 Ⓐ Ⓑ Ⓒ Ⓓ	33 Ⓐ Ⓑ Ⓒ Ⓓ	43 Ⓐ Ⓑ Ⓒ Ⓓ
4 Ⓐ Ⓑ Ⓒ Ⓓ	14 Ⓐ Ⓑ Ⓒ Ⓓ	24 Ⓐ Ⓑ Ⓒ Ⓓ	34 Ⓐ Ⓑ Ⓒ Ⓓ	44 Ⓐ Ⓑ Ⓒ Ⓓ
5 Ⓐ Ⓑ Ⓒ Ⓓ	15 Ⓐ Ⓑ Ⓒ Ⓓ	25 Ⓐ Ⓑ Ⓒ Ⓓ	35 Ⓐ Ⓑ Ⓒ Ⓓ	45 Ⓐ Ⓑ Ⓒ Ⓓ
6 Ⓐ Ⓑ Ⓒ Ⓓ	16 Ⓐ Ⓑ Ⓒ Ⓓ	26 Ⓐ Ⓑ Ⓒ Ⓓ	36 Ⓐ Ⓑ Ⓒ Ⓓ	46 Ⓐ Ⓑ Ⓒ Ⓓ
7 Ⓐ Ⓑ Ⓒ Ⓓ	17 Ⓐ Ⓑ Ⓒ Ⓓ	27 Ⓐ Ⓑ Ⓒ Ⓓ	37 Ⓐ Ⓑ Ⓒ Ⓓ	47 Ⓐ Ⓑ Ⓒ Ⓓ
8 Ⓐ Ⓑ Ⓒ Ⓓ	18 Ⓐ Ⓑ Ⓒ Ⓓ	28 Ⓐ Ⓑ Ⓒ Ⓓ	38 Ⓐ Ⓑ Ⓒ Ⓓ	48 Ⓐ Ⓑ Ⓒ Ⓓ
9 Ⓐ Ⓑ Ⓒ Ⓓ	19 Ⓐ Ⓑ Ⓒ Ⓓ	29 Ⓐ Ⓑ Ⓒ Ⓓ	39 Ⓐ Ⓑ Ⓒ Ⓓ	49 Ⓐ Ⓑ Ⓒ Ⓓ
10 Ⓐ Ⓑ Ⓒ Ⓓ	20 Ⓐ Ⓑ Ⓒ Ⓓ	30 Ⓐ Ⓑ Ⓒ Ⓓ	40 Ⓐ Ⓑ Ⓒ Ⓓ	50 Ⓐ Ⓑ Ⓒ Ⓓ

Test 2

1 Ⓐ Ⓑ Ⓒ Ⓓ	11 Ⓐ Ⓑ Ⓒ Ⓓ	21 Ⓐ Ⓑ Ⓒ Ⓓ	31 Ⓐ Ⓑ Ⓒ Ⓓ	41 Ⓐ Ⓑ Ⓒ Ⓓ
2 Ⓐ Ⓑ Ⓒ Ⓓ	12 Ⓐ Ⓑ Ⓒ Ⓓ	22 Ⓐ Ⓑ Ⓒ Ⓓ	32 Ⓐ Ⓑ Ⓒ Ⓓ	42 Ⓐ Ⓑ Ⓒ Ⓓ
3 Ⓐ Ⓑ Ⓒ Ⓓ	13 Ⓐ Ⓑ Ⓒ Ⓓ	23 Ⓐ Ⓑ Ⓒ Ⓓ	33 Ⓐ Ⓑ Ⓒ Ⓓ	43 Ⓐ Ⓑ Ⓒ Ⓓ
4 Ⓐ Ⓑ Ⓒ Ⓓ	14 Ⓐ Ⓑ Ⓒ Ⓓ	24 Ⓐ Ⓑ Ⓒ Ⓓ	34 Ⓐ Ⓑ Ⓒ Ⓓ	44 Ⓐ Ⓑ Ⓒ Ⓓ
5 Ⓐ Ⓑ Ⓒ Ⓓ	15 Ⓐ Ⓑ Ⓒ Ⓓ	25 Ⓐ Ⓑ Ⓒ Ⓓ	35 Ⓐ Ⓑ Ⓒ Ⓓ	45 Ⓐ Ⓑ Ⓒ Ⓓ
6 Ⓐ Ⓑ Ⓒ Ⓓ	16 Ⓐ Ⓑ Ⓒ Ⓓ	26 Ⓐ Ⓑ Ⓒ Ⓓ	36 Ⓐ Ⓑ Ⓒ Ⓓ	46 Ⓐ Ⓑ Ⓒ Ⓓ
7 Ⓐ Ⓑ Ⓒ Ⓓ	17 Ⓐ Ⓑ Ⓒ Ⓓ	27 Ⓐ Ⓑ Ⓒ Ⓓ	37 Ⓐ Ⓑ Ⓒ Ⓓ	47 Ⓐ Ⓑ Ⓒ Ⓓ
8 Ⓐ Ⓑ Ⓒ Ⓓ	18 Ⓐ Ⓑ Ⓒ Ⓓ	28 Ⓐ Ⓑ Ⓒ Ⓓ	38 Ⓐ Ⓑ Ⓒ Ⓓ	48 Ⓐ Ⓑ Ⓒ Ⓓ
9 Ⓐ Ⓑ Ⓒ Ⓓ	19 Ⓐ Ⓑ Ⓒ Ⓓ	29 Ⓐ Ⓑ Ⓒ Ⓓ	39 Ⓐ Ⓑ Ⓒ Ⓓ	49 Ⓐ Ⓑ Ⓒ Ⓓ
10 Ⓐ Ⓑ Ⓒ Ⓓ	20 Ⓐ Ⓑ Ⓒ Ⓓ	30 Ⓐ Ⓑ Ⓒ Ⓓ	40 Ⓐ Ⓑ Ⓒ Ⓓ	50 Ⓐ Ⓑ Ⓒ Ⓓ

Test 3

1 Ⓐ Ⓑ Ⓒ Ⓓ	11 Ⓐ Ⓑ Ⓒ Ⓓ	21 Ⓐ Ⓑ Ⓒ Ⓓ	31 Ⓐ Ⓑ Ⓒ Ⓓ	41 Ⓐ Ⓑ Ⓒ Ⓓ
2 Ⓐ Ⓑ Ⓒ Ⓓ	12 Ⓐ Ⓑ Ⓒ Ⓓ	22 Ⓐ Ⓑ Ⓒ Ⓓ	32 Ⓐ Ⓑ Ⓒ Ⓓ	42 Ⓐ Ⓑ Ⓒ Ⓓ
3 Ⓐ Ⓑ Ⓒ Ⓓ	13 Ⓐ Ⓑ Ⓒ Ⓓ	23 Ⓐ Ⓑ Ⓒ Ⓓ	33 Ⓐ Ⓑ Ⓒ Ⓓ	43 Ⓐ Ⓑ Ⓒ Ⓓ
4 Ⓐ Ⓑ Ⓒ Ⓓ	14 Ⓐ Ⓑ Ⓒ Ⓓ	24 Ⓐ Ⓑ Ⓒ Ⓓ	34 Ⓐ Ⓑ Ⓒ Ⓓ	44 Ⓐ Ⓑ Ⓒ Ⓓ
5 Ⓐ Ⓑ Ⓒ Ⓓ	15 Ⓐ Ⓑ Ⓒ Ⓓ	25 Ⓐ Ⓑ Ⓒ Ⓓ	35 Ⓐ Ⓑ Ⓒ Ⓓ	45 Ⓐ Ⓑ Ⓒ Ⓓ
6 Ⓐ Ⓑ Ⓒ Ⓓ	16 Ⓐ Ⓑ Ⓒ Ⓓ	26 Ⓐ Ⓑ Ⓒ Ⓓ	36 Ⓐ Ⓑ Ⓒ Ⓓ	46 Ⓐ Ⓑ Ⓒ Ⓓ
7 Ⓐ Ⓑ Ⓒ Ⓓ	17 Ⓐ Ⓑ Ⓒ Ⓓ	27 Ⓐ Ⓑ Ⓒ Ⓓ	37 Ⓐ Ⓑ Ⓒ Ⓓ	47 Ⓐ Ⓑ Ⓒ Ⓓ
8 Ⓐ Ⓑ Ⓒ Ⓓ	18 Ⓐ Ⓑ Ⓒ Ⓓ	28 Ⓐ Ⓑ Ⓒ Ⓓ	38 Ⓐ Ⓑ Ⓒ Ⓓ	48 Ⓐ Ⓑ Ⓒ Ⓓ
9 Ⓐ Ⓑ Ⓒ Ⓓ	19 Ⓐ Ⓑ Ⓒ Ⓓ	29 Ⓐ Ⓑ Ⓒ Ⓓ	39 Ⓐ Ⓑ Ⓒ Ⓓ	49 Ⓐ Ⓑ Ⓒ Ⓓ
10 Ⓐ Ⓑ Ⓒ Ⓓ	20 Ⓐ Ⓑ Ⓒ Ⓓ	30 Ⓐ Ⓑ Ⓒ Ⓓ	40 Ⓐ Ⓑ Ⓒ Ⓓ	50 Ⓐ Ⓑ Ⓒ Ⓓ

キリトリ

キリトリ

Answer Sheet

Test 4

1 Ⓐ Ⓑ Ⓒ Ⓓ	11 Ⓐ Ⓑ Ⓒ Ⓓ	21 Ⓐ Ⓑ Ⓒ Ⓓ	31 Ⓐ Ⓑ Ⓒ Ⓓ	41 Ⓐ Ⓑ Ⓒ Ⓓ
2 Ⓐ Ⓑ Ⓒ Ⓓ	12 Ⓐ Ⓑ Ⓒ Ⓓ	22 Ⓐ Ⓑ Ⓒ Ⓓ	32 Ⓐ Ⓑ Ⓒ Ⓓ	42 Ⓐ Ⓑ Ⓒ Ⓓ
3 Ⓐ Ⓑ Ⓒ Ⓓ	13 Ⓐ Ⓑ Ⓒ Ⓓ	23 Ⓐ Ⓑ Ⓒ Ⓓ	33 Ⓐ Ⓑ Ⓒ Ⓓ	43 Ⓐ Ⓑ Ⓒ Ⓓ
4 Ⓐ Ⓑ Ⓒ Ⓓ	14 Ⓐ Ⓑ Ⓒ Ⓓ	24 Ⓐ Ⓑ Ⓒ Ⓓ	34 Ⓐ Ⓑ Ⓒ Ⓓ	44 Ⓐ Ⓑ Ⓒ Ⓓ
5 Ⓐ Ⓑ Ⓒ Ⓓ	15 Ⓐ Ⓑ Ⓒ Ⓓ	25 Ⓐ Ⓑ Ⓒ Ⓓ	35 Ⓐ Ⓑ Ⓒ Ⓓ	45 Ⓐ Ⓑ Ⓒ Ⓓ
6 Ⓐ Ⓑ Ⓒ Ⓓ	16 Ⓐ Ⓑ Ⓒ Ⓓ	26 Ⓐ Ⓑ Ⓒ Ⓓ	36 Ⓐ Ⓑ Ⓒ Ⓓ	46 Ⓐ Ⓑ Ⓒ Ⓓ
7 Ⓐ Ⓑ Ⓒ Ⓓ	17 Ⓐ Ⓑ Ⓒ Ⓓ	27 Ⓐ Ⓑ Ⓒ Ⓓ	37 Ⓐ Ⓑ Ⓒ Ⓓ	47 Ⓐ Ⓑ Ⓒ Ⓓ
8 Ⓐ Ⓑ Ⓒ Ⓓ	18 Ⓐ Ⓑ Ⓒ Ⓓ	28 Ⓐ Ⓑ Ⓒ Ⓓ	38 Ⓐ Ⓑ Ⓒ Ⓓ	48 Ⓐ Ⓑ Ⓒ Ⓓ
9 Ⓐ Ⓑ Ⓒ Ⓓ	19 Ⓐ Ⓑ Ⓒ Ⓓ	29 Ⓐ Ⓑ Ⓒ Ⓓ	39 Ⓐ Ⓑ Ⓒ Ⓓ	49 Ⓐ Ⓑ Ⓒ Ⓓ
10 Ⓐ Ⓑ Ⓒ Ⓓ	20 Ⓐ Ⓑ Ⓒ Ⓓ	30 Ⓐ Ⓑ Ⓒ Ⓓ	40 Ⓐ Ⓑ Ⓒ Ⓓ	50 Ⓐ Ⓑ Ⓒ Ⓓ

Test 5

1 Ⓐ Ⓑ Ⓒ Ⓓ	11 Ⓐ Ⓑ Ⓒ Ⓓ	21 Ⓐ Ⓑ Ⓒ Ⓓ	31 Ⓐ Ⓑ Ⓒ Ⓓ	41 Ⓐ Ⓑ Ⓒ Ⓓ
2 Ⓐ Ⓑ Ⓒ Ⓓ	12 Ⓐ Ⓑ Ⓒ Ⓓ	22 Ⓐ Ⓑ Ⓒ Ⓓ	32 Ⓐ Ⓑ Ⓒ Ⓓ	42 Ⓐ Ⓑ Ⓒ Ⓓ
3 Ⓐ Ⓑ Ⓒ Ⓓ	13 Ⓐ Ⓑ Ⓒ Ⓓ	23 Ⓐ Ⓑ Ⓒ Ⓓ	33 Ⓐ Ⓑ Ⓒ Ⓓ	43 Ⓐ Ⓑ Ⓒ Ⓓ
4 Ⓐ Ⓑ Ⓒ Ⓓ	14 Ⓐ Ⓑ Ⓒ Ⓓ	24 Ⓐ Ⓑ Ⓒ Ⓓ	34 Ⓐ Ⓑ Ⓒ Ⓓ	44 Ⓐ Ⓑ Ⓒ Ⓓ
5 Ⓐ Ⓑ Ⓒ Ⓓ	15 Ⓐ Ⓑ Ⓒ Ⓓ	25 Ⓐ Ⓑ Ⓒ Ⓓ	35 Ⓐ Ⓑ Ⓒ Ⓓ	45 Ⓐ Ⓑ Ⓒ Ⓓ
6 Ⓐ Ⓑ Ⓒ Ⓓ	16 Ⓐ Ⓑ Ⓒ Ⓓ	26 Ⓐ Ⓑ Ⓒ Ⓓ	36 Ⓐ Ⓑ Ⓒ Ⓓ	46 Ⓐ Ⓑ Ⓒ Ⓓ
7 Ⓐ Ⓑ Ⓒ Ⓓ	17 Ⓐ Ⓑ Ⓒ Ⓓ	27 Ⓐ Ⓑ Ⓒ Ⓓ	37 Ⓐ Ⓑ Ⓒ Ⓓ	47 Ⓐ Ⓑ Ⓒ Ⓓ
8 Ⓐ Ⓑ Ⓒ Ⓓ	18 Ⓐ Ⓑ Ⓒ Ⓓ	28 Ⓐ Ⓑ Ⓒ Ⓓ	38 Ⓐ Ⓑ Ⓒ Ⓓ	48 Ⓐ Ⓑ Ⓒ Ⓓ
9 Ⓐ Ⓑ Ⓒ Ⓓ	19 Ⓐ Ⓑ Ⓒ Ⓓ	29 Ⓐ Ⓑ Ⓒ Ⓓ	39 Ⓐ Ⓑ Ⓒ Ⓓ	49 Ⓐ Ⓑ Ⓒ Ⓓ
10 Ⓐ Ⓑ Ⓒ Ⓓ	20 Ⓐ Ⓑ Ⓒ Ⓓ	30 Ⓐ Ⓑ Ⓒ Ⓓ	40 Ⓐ Ⓑ Ⓒ Ⓓ	50 Ⓐ Ⓑ Ⓒ Ⓓ

Final Test

1 Ⓐ Ⓑ Ⓒ Ⓓ	11 Ⓐ Ⓑ Ⓒ Ⓓ	21 Ⓐ Ⓑ Ⓒ Ⓓ	31 Ⓐ Ⓑ Ⓒ Ⓓ	41 Ⓐ Ⓑ Ⓒ Ⓓ
2 Ⓐ Ⓑ Ⓒ Ⓓ	12 Ⓐ Ⓑ Ⓒ Ⓓ	22 Ⓐ Ⓑ Ⓒ Ⓓ	32 Ⓐ Ⓑ Ⓒ Ⓓ	42 Ⓐ Ⓑ Ⓒ Ⓓ
3 Ⓐ Ⓑ Ⓒ Ⓓ	13 Ⓐ Ⓑ Ⓒ Ⓓ	23 Ⓐ Ⓑ Ⓒ Ⓓ	33 Ⓐ Ⓑ Ⓒ Ⓓ	43 Ⓐ Ⓑ Ⓒ Ⓓ
4 Ⓐ Ⓑ Ⓒ Ⓓ	14 Ⓐ Ⓑ Ⓒ Ⓓ	24 Ⓐ Ⓑ Ⓒ Ⓓ	34 Ⓐ Ⓑ Ⓒ Ⓓ	44 Ⓐ Ⓑ Ⓒ Ⓓ
5 Ⓐ Ⓑ Ⓒ Ⓓ	15 Ⓐ Ⓑ Ⓒ Ⓓ	25 Ⓐ Ⓑ Ⓒ Ⓓ	35 Ⓐ Ⓑ Ⓒ Ⓓ	45 Ⓐ Ⓑ Ⓒ Ⓓ
6 Ⓐ Ⓑ Ⓒ Ⓓ	16 Ⓐ Ⓑ Ⓒ Ⓓ	26 Ⓐ Ⓑ Ⓒ Ⓓ	36 Ⓐ Ⓑ Ⓒ Ⓓ	46 Ⓐ Ⓑ Ⓒ Ⓓ
7 Ⓐ Ⓑ Ⓒ Ⓓ	17 Ⓐ Ⓑ Ⓒ Ⓓ	27 Ⓐ Ⓑ Ⓒ Ⓓ	37 Ⓐ Ⓑ Ⓒ Ⓓ	47 Ⓐ Ⓑ Ⓒ Ⓓ
8 Ⓐ Ⓑ Ⓒ Ⓓ	18 Ⓐ Ⓑ Ⓒ Ⓓ	28 Ⓐ Ⓑ Ⓒ Ⓓ	38 Ⓐ Ⓑ Ⓒ Ⓓ	48 Ⓐ Ⓑ Ⓒ Ⓓ
9 Ⓐ Ⓑ Ⓒ Ⓓ	19 Ⓐ Ⓑ Ⓒ Ⓓ	29 Ⓐ Ⓑ Ⓒ Ⓓ	39 Ⓐ Ⓑ Ⓒ Ⓓ	49 Ⓐ Ⓑ Ⓒ Ⓓ
10 Ⓐ Ⓑ Ⓒ Ⓓ	20 Ⓐ Ⓑ Ⓒ Ⓓ	30 Ⓐ Ⓑ Ⓒ Ⓓ	40 Ⓐ Ⓑ Ⓒ Ⓓ	50 Ⓐ Ⓑ Ⓒ Ⓓ

キリトリ

キリトリ